U0615038

执行精要

Execution Essentials

高效能人士的七个习惯
25年企业培训精华录

[美] 史蒂芬·柯维

富兰克林柯维 (FranklinCovey) 培训团队

中国青年出版社
CHINA YOUTH PRESS

图书在版编目（CIP）数据

高效能人士的七个习惯25年企业培训精华录：执行精要 /
（美）柯维，富兰克林柯维（FranklinCovey）培训团队著；金星余译.
—北京：中国青年出版社，2014.3
书名原文：Execution essentials
ISBN 978-7-5153-0660-5

Ⅰ.①高… Ⅱ.①柯…②富…③金… Ⅲ.①企业管理－通俗读物 Ⅳ.①F270-49

中国版本图书馆CIP数据核字（2014）第029863号

Execution Essentials
Chinese translation Copyright © 2014 by CHINA YOUTH PUBLISHING HOUSE
Copyright © Franklin Covey Company
Franklin Covey and the FC logo and trademarks are trademarks of Franklin Covey Co.
and their use is by permission.

高效能人士的七个习惯25年企业培训精华录：

执行精要

作　　者：［美］史蒂芬·柯维　富兰克林柯维（FranklinCovey）培训团队
译　　者：金星余
责任编辑：周　红
美术编辑：李　甦
出　　版：中国青年出版社
发　　行：北京中青文文化传媒有限公司
电　　话：010-65511272 / 65516873
公司网址：www.cyb.com.cn
购书网址：zqwts.tmall.com
印　　刷：大厂回族自治县益利印刷有限公司
版　　次：2014 年 4 月第 1 版
印　　次：2023 年 3 月第 6 次印刷
开　　本：880×1230　1/32
字　　数：46 千字
印　　张：6
京权图字：01-2014-0395
书　　号：ISBN 978-7-5153-0660-5
定　　价：49.90 元

版权声明

　　未经出版人事先书面许可，对本出版物的任何部分不得以任何方式或途径复制或传播，包括但不限于复印、录制、录音，或通过任何数据库、在线信息、数字化产品或可检索的系统。

中青版图书，版权所有，盗版必究

关于本书

本书作者**史蒂芬·柯维**博士，美国学界的"思想巨匠"，入选"影响美国历史进程的25位人物"，被《时代周刊》评为"人类潜能的导师"，得到美国前总统奥巴马的特别接见，是前总统克林顿倚重的顾问，《经济学人》杂志推举其为"最具前瞻性的管理思想家"。

他的思想成就与戴尔·卡耐基、彼得·德鲁克、杰克·韦尔奇并肩比齐。他是世界备受推崇的领导力权威、家庭问题专家、企业组织顾问。AT&T、通用电子、全禄、可口可乐等公司的高管都是他的学生，李开复等中国顶尖的企业家和管理者也深受其思想的启发。他所创始并领导的**富兰克林柯维公司**为世界500强中四分之三的企业提供咨询和顾问。

柯维的著作在全球已售出4000万册，被翻译成38种语言。《高效能人士的七个习惯》一书，更被誉为二十世纪最有影响力的商业书籍之一。

《管理精要》《执行精要》和《领导力精要》是史蒂芬·柯维博士毕生思想之精华，是富兰克林柯维公司经典培训产品的文字资料，是畅销全球30多年的《高效能人士的七个习惯》品牌的培训配套产品。

在《执行精要》中，您将看到富兰克林柯维公司最重要的研究成果：高效执行4原则。这是一个历时25年、经160多个国家检验的如何达成目标的方法论，可以帮助组织、团队、个人排除一切阻力和干扰，达成至关重要的战略目标。高效执行4原则已经在中国进行了十多年的培训和咨询，被众多企业成功践行。实践证明，它不仅能将团队变得更高效，更能使整个公司的绩效得到彻底提升。高效执行4原则并不只是一种新的组织领导方法，更确切地说，它是一个适用于任何组织的革命性操作系统。

这本小册子的内容简单易懂，方便随身携带，还特殊设计有笔记区，您可以提笔记下那些转瞬即逝的灵感。希望它成为您商海征途中的得力助手。

Contents
目 录

第二章 025

"高效执行4原则"精要

第三章　053

面对执行挑战的解决之道

第四章　095
高效执行者必读文章精选

史蒂芬·R. 柯维

拉姆·查兰

第五章　153

高效执行者的精华语录

第六章　165

高效执行者的必备工具

为什么许多公司的重大决策都是草草收场，或结果远远低于预期？主要原因并非在于考虑不够周全，而是在于缺乏强有力的执行。

　　富兰克林柯维公司以前所未有的深度和广度，探讨了强大的执行力这一话题，我们研究了可能存在的所有干扰因素——上至董事会会议室、下到基层一线，同时成功离析出了精确执行的必备要素。在此期间，我们已经：

　　• 与400余家各类公司深入合作，使它们的核心决策得到确切落实。

　　• 分析了超过20万份有关执行力的调查数据，这些调查涉及公司的各个组织层面。

　　• 与1000余个团队的成员进行了访谈，探讨高效执行的实际操作问题。

　　结果如何呢？我们了解到这些公司是如何通过高效执行走向成功的，我们看到：

　　• 一家大型信息技术服务公司的效益增长将近10亿美元。

- 一家零售连锁店从市场"最差"变成"最好"。
- 一家传媒公司从每况愈下转变为行业翘楚。
- 美国的一个州政府在客商满意度方面取得了惊人增长。

最重要的是，我们看到数以百计的公司和组织确实达到了他们的宏伟目标。在富兰克林柯维公司，我们致力于帮助任何一个地方的个人和组织发挥自身的最大潜力，对我们来说，没有什么比这项使命更重要。

《执行精要》简单易懂，方便随时查阅。它囊括了我们富兰克林柯维公司总结出的有关高效执行的精华，也包含了来自执行力方面大师级人物的一流见解。读一读这本书吧，随身带上它，它将帮助你达成你最重要的目标。

鲍勃·惠特曼

富兰克林柯维公司

董事会主席兼首席执行官

Chapter 1

Understanding the Execution Gap

第一章

了解"执行鸿沟"

归根结底，你该对什么负责？

答案是：结果，你应该对结果负责。

一件事的结果受到可控和不可控两方面的影响，其中，有两个方面是可控的：

· 计划（你想要完成什么）

· 计划的执行（你将如何完成此事）

以你的经验，这两件事情哪个更棘手：计划或是执行？

大多数情况下，都是计划的执行更困难，不是吗？

DATE

什么是"执行鸿沟"

戴尔公司首席执行官凯文·罗林斯这样说道："你看到有些公司做得真的很棒，那是因为他们有伟大的策略，更因为他们是狂热的实施者。"

我们往往低估了执行的难度。

当有一个新的目标摆在面前，有些岗位的有些人必须要去做他们从未做过的事。直到他们真正动手去做了，才算"执行"的开始。他们必须改变自身的行为，而改变行为也许是我们要做的最难的事情，这就很好地解释了为什么大多数公司和组织都会遭受"执行鸿沟"之苦。

一项对上市公司的重大研究发现，在整个20世纪90年代，也就是历史上商业最鼎盛的一个年代，只有13%的企业能够达到他们宣布的财务目标。而且，一项估算显示，十个战略性企划中有七个终告失败。

一个公司，有难得的人才和极好的战略，却仍然失败了，而且还有许多公司如此，原因是什么呢? 哈佛商学院教授拉姆·查兰说道："不是因为缺乏人才或者远见，而是因为执行乏力。事情没做完、犹豫不决、没有履行承诺，就这么简单。"

他认为："当今商界最亟待解决的问题就是'执行鸿沟'，也就是目标的设定和目标的达成之间的鸿沟。"

高效执行的4大障碍

导致"执行鸿沟"的4个原因：

1. 不知道目标是什么。

2. 不知道该做什么来达成目标。

3. 不记分。

DATE

DATE

4. 不被问责。

不知道目标是什么

尽管有49%的员工宣称他们知道公司的目标，但只有15%能真正说出这些目标具体是什么。很显然，如果六个员工当中只有一个知道目标是什么，那么执行起来就很有难度。

不知道该做什么来达成目标

"我清楚地知道我该如何做，来帮助公司达成目标。"当这一条出现在调查问卷里，只有54%的调查对象能给出肯定答复，这意味着近一半的员工坦率地承认他们不知道该做些什么——而另外一半则是自欺欺人。

不记分

只有12%的员工能说出怎样具体衡量公司的目标有没有达成。员工需要知道具体每项工作做到什么程度，可以得到多少分，这样，他们才能明确自己做得好不好。而且，当他们做得不好的时候，分数会立即有所体现，帮助他们改正。

不被问责

即使无法完成达成目标所要求的进度，员工也不被问责。只有26%的员工能一个月见一次直属经理，回顾总结他们为达成目标所取得的进步，这意味着四分之三的员工极少与管理层讨论他们所负责的目标。

目标的执行为什么会有这么多障碍？

在领导者眼中，公司目标清晰，策略明确，他们不明白员工为什么无法理会自己的意图。

为了传达公司的宏伟目标和发展策略，领导者们往往会召开一个大型的发布会。会议演讲非常精彩，激动人心，员工都站起来为他鼓掌。对一个领导者来说，这绝对是他的辉煌一刻。

但这同样也是揭露真相的时刻，只有一半的人在仔细听

DATE

他讲公司目标，只有四分之一的人知道该怎么做，而只有八分之一的人真正会为这个目标做点什么——这八分之一的人中还有很多根本找不到做事的正确方法。

最后，只有极少数人知道这个目标，知道该做什么以达成目标，知道怎么做才能得高分，以及最终真正为目标负责。

日常"旋风"

执行鸿沟来源于两股力量的内在冲突：第一，仅仅维持企业运营所需的日常事务的巨大能量，我们称之为日常"旋风"；第二，员工为了达成目标，做得更好所付出的额外行为的能量。

也许一开始你会觉得这两者是同一股力量，但是其实它们不一样。日常"旋风"仅使公司保持运营状态，这是你每天必做的事情。它是紧急而重要的，需要你马上处理的事情。如果你对日常"旋风"不理不睬，通常后果会很严重。试想一下，你几天不回邮件，不接电话，该是什么情况。事实上，你会感觉到"旋风"在推着你去做

DATE

那些事。

然而，一个公司的最高目标却与那些真正非常重要但缺乏紧迫性的事情有关。你需要为这些顶级目标挤出时间，因为紧迫的事情总是盖过重要的事情。

一位来自《财富》世界50强公司的客户这样说道："你知道我为什么要来接受执行力培训？我们没有被巨龙打倒，巨大的变故和打击不会把我们最重要的目标挤掉，但是琐事却可以。每一天，我们眼里盯着的都是那些小事，使我们无暇顾及我们最重要的目标。当我们回首过去的六个月，我们说了要做的那些重要的事情，我们一件都没做。"

想想上一个被你扔在一旁的重大策略或计划。

是什么使其落空？

人们是否需要好好想想什么才是"真正的工作"？

你会发现，你所经历的就是大多数公司或组织所经历的——顶级目标被日常琐事组成的"旋风"扼杀了。

DATE

📖

DATE

这就是底线。真正的执行不是简单地完成一个目标，你的公司里有的是知道怎样完成目标的人才。真正的执行是在日常"旋风"的挤压之中，坚持完成既定目标。

案例分析

激发员工高效率地执行任务，达到目标，这需要付出巨大的努力，但，这是可以做到的。

一个卓著的案例是，一家世界级豪华连锁酒店最近设定了一个目标，要达到97%的客户保留率。"如果您来过一次，我们想让您再来！"这就是他们的信条。而且，他们天衣无缝地执行并完成了这个目标。

他们决定给客户提供"高端个人定制服务"来达到目的。他们认为，与其将精力放在奢侈艺术品和豪华家具上，不如让客户有回家的感觉。

那么，我们看看他们具体做了什么。

为了达成目标，每个员工都在自己的岗位作出努力。例如说，客房部的员工认真地在电脑上记录了每个客人的喜好，这样一来，下回这位客人再来的时候，他们可以提供相同的服务。比如，一个客人告诉服务员不要扔掉他抽剩的雪茄，把它留在烟灰缸里，因为他一会儿还要再回来。当他回来时，他发现烟灰缸里有一支新的相同品牌的雪茄。他认为是个不错的惊喜，但他没想到的是，几个月后，当他入住该品牌的另一家酒店时，他在烟灰缸里发现了同品牌的一支新雪茄！他调侃道："我还要住这家酒店，因为我必须回去看看，雪茄是不是还会在，他们欠我的。"

客房部的员工只需要多做几件事：关注客户的喜好，登陆电脑并检索客户喜好，满足客户喜好，此外，他们还要清扫房间。很显然，如果他们没有把下面这几点铭记在心的话，他们是不会心甘情愿地多做这些工作的：

• 客户的回头率是首要目标，达到这个目标只要多做一点点工作；

• 他们将会认真地执行这些工作，他们为其承诺负责。

DATE

DATE

换而言之：

- 他们知道目标；

- 他们知道如何达到目标；

- 他们懂得评估；

- 他们对结果负责。

这些就是履行"高效执行4原则"的企业和组织的典型特征。

每个人都渴望获得成功，每个人都想为事业做贡献，但是很多公司和组织缺少这样的原则去指导——能让人有意识地、始终如一地保持高执行力的规则。令满怀热血的员工失望的人力成本，比公司策略失败的行政成本要高多了。反过来说，没有什么比团队里的同事都拧成一股绳，向着目标迈进更激励人心的事情了。

Chapter 2

|||||||||| Essentials of the 4
Disciplines of Execution

第二章

"高效执行4原则"精要

突破"高效执行的4大障碍"
最有效的方法便是"高效执行
4原则"。

DATE

高效执行4原则

1. 聚焦至关重要目标

团队中每个人都十分清楚并致力于完成至关重要目标，至关重要目标必须达成，没有任何事情比这个更重要。

2. 贯彻引领性指标

每个员工都关注并致力于"二八定律"（即最重要的、起决定性作用的只占约20%，其余的80%尽管是多数，却是次要的、非决定性的）中的那20%，然后他们用引领性指标来追踪这20%的完成情况。

3. 坚持激励性记分牌

确保每个员工都能随时获知自己的成绩，这样他们才知道自己是领先了还是落后了，激励性记分牌激发员工成功的渴望。

4. 建立相互担责的节奏

每个人为了取得进展、达成目标都要开展经常性、有节奏的相互担责会。

当所有这些原则都被付诸实践，执行效率便会显著提升，但是即使只有一条原则缺失或者执行不力，高效执行的几率便大大降低。

"高效执行4原则"是关于如何创造出优秀的结果。在下面的图里，这些原则被画成箭头，因为它们直指目标和成就。箭头顺序是从右向左指，代表了优秀团队的实际执行顺序：他们坚持让自己持续不断地肩负起做好引领性指标的责任，从而驱动了至关重要目标的达成。

DATE

"原则3：坚持激励性记分牌"在4原则方法论里极其重要。至关重要目标（来自原则1）和引领性指标（来自原则2）都在记分牌上有所体现，所以团队可以将它们付诸行动。

原则4的相互担责的节奏环绕着其他3个原则，因为它将一切凝聚到一起。如果没有原则4，原则1、2、3就无法起作

📝

DATE

用。原则4对至关重要目标和记分牌上的衡量指标负责，需要严格、频繁、定期地践行。圆形箭头意味着一切都回归到相互担责。

原则1：聚焦至关重要目标

> *优秀乃卓越之敌。*
>
> ——吉姆·柯林斯

为了将精力聚焦于最重要的事情上，伟大的团队坚持不懈地做着两件事：（1）确定至关重要目标；（2）为至关重要目标制定引领性指标。

确定至关重要目标

一个伟大的团队必须完全清楚他们的至关重要目标。虽然有些目标也很重要，需要完成，但是至关重要目标必须达成。如果无法达成至关重要目标的话，其他的成就便都微不足道了。

这就是为什么被六个、八个、十个或更多目标分心的时候，我们会如此恼火。你花在普通目

DATE

标上的时间是平庸无奇的，而你完全可以将这些时间聚焦在一到两个至关重要目标上，你将做出很棒的工作。

就拿史蒂夫·乔布斯的苹果公司为例，苹果公司只要愿意，完全可以推出更多的产品线，占领市场。但是，乔布斯选择了另外一条路线，把所有力量都聚焦在几种"最重要"产品上。他的专注是超乎常人的，所以取得了传奇般的成就。

在一个高效能的公司里，每个团队在每个阶段都有至关重要目标——事实上，至关重要目标造就了这个团队。

利用本书提供的"重要性筛选工具"来确定团队的至关重要目标（见164-166页）。

为至关重要目标找到滞后性指标

至关重要目标是如此重要，所以我们必须找到可以衡量目标是否达到的指标，那就是滞后性指标。

举一个著名的例子，在1961年，美国总统约翰·肯尼迪承诺："在十年之内，实现载人登月和安全返回地球的目标。"这就是至关重要目标的标准表达模式，从X（地球）到Y（月球并返回）在某时（10年之内）。

利用本书提供的"滞后性指标创建器"来确定你的至关重要目标的滞后性指标（见168-169页）。

案例分析

EDS是世界最大的信息技术供应商之一，CI&R是该公司的明星团队。该团队财务状况优异，但是他们希望更进一步，不仅仅在短期内产生好的结果，而且能够对团队的长期发展有所把握。团队的问题是，他们并不能总是聚焦正确的目标，将太多精力投入紧急任务，受困于日常"旋风"。他们忙于应对每天的紧急事情，导致不断地偏离最重要的挑战——如何战略性地开展业务。

于是，CI&R 团队将"原则1：聚焦至关重要目标"付诸

DATE

实践，他们根据EDS公司的战略统筹确定了至关重要目标，还设立了激励性记分牌，为未来的成功铺开道路。

一年之内，CI&R团队的合同金额销售总值从近6亿美元上升到18亿美元。

CI&R的副总裁麦克·奥海尔说："我们为销售增长付出了巨大努力，很大程度上是因为我们的团队工作非常努力，将精力聚焦于少数的几个至关重要目标上。"

不仅短期取得的战果引人注目，更关键的是，至关重要目标使CI&R为长期发展定位。这样，公司就可以在战略上和战术上同时提高。麦克说："很多时候，我们都要紧急关注一个季度或短期的业绩。但是，将创造新的业务增长点设为至关重要目标后，我们可以为新业务增长特意分配资源、时间和精力，同时也不会忽略短期的业绩。目前，我们正向着另外一个丰收年迈进，前半年的收入已经超过18亿美元。"

直到今天，在高效执行4原则的帮助下，EDS的CI&R团队能够持续了解其业务状况，确定新的业务增长点，并聚焦于他们的至关重要目标。

原则2：贯彻引领性指标

> 所有的努力和尝试，其80%的结果都要归功于20%的活动。
>
> ——约瑟夫·朱兰（20世纪著名的品质管理学者）

为了更加专注于达成至关重要目标，优秀团队坚持做这两件事：（1）分析和确定80/20活动；（2）创建具有预见性和可控性的引领性指标。

分析和确定80/20活动

为了达到你以前从未达到过的目标，你必须做你以前从未做过的事情。认真分析达到目标过程中可能遇到的障碍，

DATE

DATE

然后与团队共同决定如何克服这些障碍。看看你周围的同事，有谁已经达到此目标或者类似的目标？他们做过什么不同的事情吗？利用你的想象力，哪些是你还没想到却有可能产生重大影响的因素？

然后选择你认为最能影响到至关重要目标的活动——"80/20活动"。

利用本书提供的"80/20活动分析工具"（见170-171页）来确定你的80/20活动。

创建具有预见性和可控性的引领性指标

利用引领性指标来追踪"80/20活动"。

成功达成至关重要目标的关键是更多地聚焦引领性指标而非滞后性指标。滞后性指标通常"太高或者太遥远"，以至于无法每天都专注，注意这两种指标的对比：

滞后性指标告诉你是否已经达到目标，引领性指标告诉你是否可能达到目标。你对滞后性指标无能为力，引领性指标却真正在你的掌控之内，因为引领性指标能够准确追踪你的行为。举

滞后性指标	引领性指标
衡量目标是否达到	预见目标的实现
很难因为个人努力而受到影响	比较容易因为个人努力而具有可控性
容易测量	很难衡量

例来说，你无法控制你的车多久出现一次故障，这是一个滞后性指标，但是你绝对可以掌控多久进行一次汽车保养，这就是一个引领性指标。

你在引领性指标上做得越好，也就更有可能避免路边抛锚。

尽管如此，滞后性指标很容易追踪（你总能知道你的车抛锚了没有），而引领性指标却不容易追踪。例如，一个学校可以通过一场标准测试测量出学生的阅读水平，这是一个滞后性指标。但是什么样的引领性措施才能预见性地提高学生们的阅读水平呢？这个就难了。学校或许会聘用专业教师，或给学生们提供更多的不被打扰的阅读时间。无论如何，如果学校

DATE

追踪记录学生们的阅读时间，或者接受辅导的时间的话（这两者都是引领性指标），就比只是祈祷学生们下次成绩会自动提升（滞后性指标）好多了。

利用本书提供的"引领性指标创建器"（见172-173页）来构建引领性指标，帮助你追踪日常工作，完成至关重要目标。

案例分析

制定引领性指标的关键是让员工真正认为自己是公司的战略性商业伙伴，应当为公司的发展出谋划策，做出不一样的事情以帮助公司达成至关重要目标。

佐治亚州萨凡纳城的《萨凡纳晨报》是一家历史悠久的媒体，其广告部利用高效执行4原则达成了非凡的成就，他们的至关重要目标是填补严重的财政空缺。在他们采取高效执行4原则之前，销售经理的办法是鼓励员工"走出去，卖更多"。在每个季度末，经理会询问每个员工为什么没有卖出去更多。

在他们执行了"原则2：贯彻引领性指标"之后，一切都改变了。他们共同思考，怎样才能提高广告收入，并得出了以下三个共识：

1. 与新客户多接触——之前没有合作过的潜在客户；

2. 与过去六个月或者更长时间没有续约的客户重新接触；

3. 想办法让现有的客户多花钱——说服他们为自己的广告增值：把黑白广告变成彩色广告，放在更显眼的位置或增加篇幅。

他们不再倡导员工"走出去，卖更多"，取而代之的是，他们规定任务额和具体行动来达到这个目标。在实践中，这个目标又细分为简单的引领性指标：每天打多少个电话，和多少个曾经的客户有过互动，以及说服了多少个现有客户升级产品。员工每周都要汇报引领性指标的完成情况，以及达成至关重要目标的进展。结果是，员工不仅做自己的工作时更有效率了，他们还不时相互探讨更好的工作方法、更顺畅

DATE

的交流方式和遇到困难时更好的解决方式。

广告部主任向管理层汇报说："我在报业工作20年了，过去的20年，我始终盯着滞后性指标不放，并且一直在收拾残局。"这么多年来，她第一次感到可以实实在在地去帮助团队达到目标。《萨凡纳晨报》弥补了财政空缺，并远远超出他们当年的目标。坚持不懈地贯彻正确的引领性指标使所有事情变为可能。

原则3：坚持激励性记分牌

> 记分牌最重要的目的是激励选手获得成功。
>
> ——吉姆·斯图尔特

为了激励团队获得成功并不断纠正前进方向，优秀团队坚持做这两件事：（1）建立一个激励性记分牌；（2）保持记分牌定期更新。

建立激励性记分牌

伟大的团队每时每刻都知道他们是否走在

成功的道路上，他们必须明晰成功的路径和自己所处的位置。激励性记分牌就是要告诉团队他们的成就和他们应该达到的成就，这能帮助成员更好地解决问题和作出决策。

你也许看到过孩子们一起踢球或者玩游戏，要是没人记分，就不是真正的比赛，他们有说有笑，互相嬉闹。但是当游戏开始记分，事情就全变了。他们之间充满紧张的气氛，先是挤在一起，密谋着什么，然后四散开来，充满活力地执行。这里面的道理很简单：人们在计分的时候会表现得更好。

这就是团队需要记分牌的原因，伟大的团队需要不断的激励。没有记分牌，团队活力下降，士气低落，人员懈怠，一切都会"重归平常"。

做一个完美的记分牌

要制作一个让团队士气倍增的记分牌，有以下几个要点：

激励　能否快速看出团队的进展和所处的位置？

DATE

DATE

简单　能否一眼从记分牌上看出团队是否表现优异？

更新　更新记分牌是否容易？

完整　是否可以同时看到引领性指标和滞后性指标？

显而易见　是否能被每个团队成员看到？是不是设在显眼的位置？

看看下面的表格形式，选择最合适你的团队的记分牌。

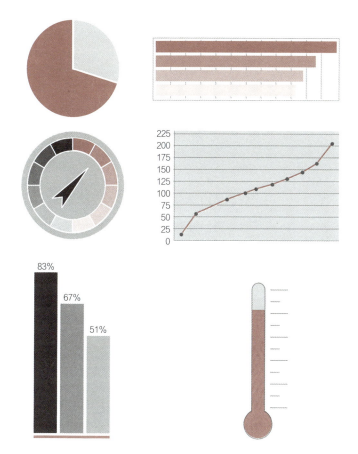

DATE

定期更新记分牌

只有定期更新的记分牌，才是有用的记分牌。

指定团队成员轮流定期更新和张贴记分牌。

案例分析

菲普斯商店正在慢慢地失去立足之地。

多年来，菲普斯一直是当地数一数二的百货商店，但是，最近它却遭遇了来自折扣店和两大全国连锁商店进军当地的巨大压力，其收入较前一年下降了超过7%，该做点什么来阻止这一切呢？

菲普斯管理层选用了高效执行4原则，宣布了当年唯一一个至关重要目标：通过提高每笔交易的金额来保持岁入和去年持平。他们选定了两个引领性指标：（1）采用引导建议性销售法，向客户展示更多商品，促进购买；（2）邀请客户办理商店的积分卡。

每个销售人员都要向客户展示4个以上可供选择的商品，并邀请他们办理积分卡。在员工休息区，张贴着个人记分牌，如下：

姓名	时间	向客户展示商品数量	积分卡办理数量
芭芭拉	周一 12|05|05	正 正 正 下	正 下
萨拉	周一 12|05|05	正 正 一	下
乔	周一 12|05|05	正 正 正 正	
特雷西	周一 12|05|05	下	丁

　　根据"原则3：坚持激励性记分牌"，员工每星期围绕记分牌展开讨论，根据记分牌上的滞后性指标和引领性指标，总结他们是否实现了上周的承诺，并为下一周做好计划，完成任务的员工会帮助没有完成任务的员工出主意。

　　四个月之后，这家百货公司几乎双倍达成计划中的积分卡办理数量（见下图），并使公司年收入增长了2%。看，激励性记分牌产生了作用。

DATE

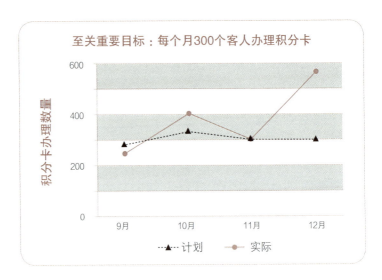

原则4：建立相互担责的节奏

> 当员工可以自由地规划自己的工作，而不是老板说做什么就做什么时，员工是最具创造力和高产的。
>
> ——吉姆·柯林斯

DATE

为了能够一次又一次出色地完成至关重要目标，伟大的团队坚持做两件事：（1）尽可能多地花时间在至关重要目标上；（2）每周开一次相互担责会议。

尽可能多地花时间在至关重要目标上

以紧急性和重要性为标准，我们可以把工作划分为四个种类，下图就是著名的"时间管理矩阵"。至关重要目标属于下图中的第一象限和第二象限，因此，属于第三象限和第四象限的活动通常会使团队从至关重要目标中分心。

	紧　急	不紧急
重要	I • 危机 • 紧迫的问题 • 有期限的项目、会议和报告	II • 准备工作 • 预防工作 • 计划 • 建立关系 • 澄清价值观
不重要	III • 不必要的干扰 • 不必要的报告 • 不重要的会议、电话、信函和电子邮件 • 其他人的小事	IV • 琐碎杂物 • 无关的电话、信函和邮件 • 消磨时间的行为 • 逃避的行为 • 过分沉迷于电视和上网

DATE

DATE

个人和团队都应重视第一象限和第二象限的事件，因为只有这两处的事件（至关重要目标）才能提高记分牌的成绩。每个人都应该问自己："这周我能做什么来提高记分牌成绩？"

使用本书提供的"工作指南"（见176-178页）的前半部分来设计这一周你必须达到的至关重要目标。

每周开一次相互担责会议

伟大的团队都有"相互担责周会"，那就是，对上周的工作进行回顾和评价，并计划下周的工作，思考怎样才能推高记分牌上的成绩，从而形成良性循环。

高效团队每周都开一次专门的至关重要目标会议，他们的会议流程如下（参考下图）：

1. 相互担责：汇报上周工作计划完成情况

● "分给我的要打的电话，我都打了，这个清单是我的工作成果。"

● "我真的为我的小团队自豪：我们都通过了新一轮的测试。"

至关重要目标会议流程

1

相互担责周会
汇报计划完成情况

2

回顾记分牌
寻找成功和失败的经验

3

计划
清除障碍，作出高质量的承诺

DATE

- "我没有得到足够的客户的赞扬，我觉得这是因为……"

你会看到团队庆祝成功，你会听到人们坦言他需要帮助。

2. 回顾记分牌：寻找成功和失败的经验

- "这个引领性指标还是合格的，但我们的滞后性指标已经临近警戒线。"

- "让我告诉你，我们是如何拉动这个指标的。"

- "我遇到了一些问题，我从中学到了……"

当员工真正推高了指标，你会感受到他们的兴奋感。当一个人学到新东西，并和同事分享的时候，你会感知到团队活力。

3. 计划：清除障碍，作出高质量的承诺

- "让我来帮助你解决那个问题，我知道一个人可以帮忙……"

- "让我们多想一些办法，然后逐个删减，缩小选择范围。"

- "这就是我计划下周要做的事情，我相信这些事可以帮助提高分数。"

你会看到，团队群策群力解决问题，员工自愿互相帮助。你将听到团队成员积极承诺，采取具体行动来达成记分牌上的重要指标。

使用本书提供的"工作指南"（见176-178页）的后半部分将员工和他们的决定、承诺和计划匹配在一起。

案例分析

诺玛克公司（Nomaco）是一家生产泡沫膨化材料的领头企业，简而言之，他们利用不同颜色的泡沫生产出很棒的产品——从高科技绝缘材料到游泳池里的玩具。

位于北加利福尼亚州的塔尔伯勒工厂是该公司三大制造工厂之一，这家工厂在节约成本、生产效益和安全状况方面几乎全面领先。这是一家很棒的工厂，但要说卓越，还远远不够，因为尽管他们取得了进步，但还没有突破性的表现。

尽管整体环境开放而友好，但该工厂的组织结构是很传

DATE

DATE

统的，工人自主性很差，依赖于经理来管理、监督和做决定，他必须确保工厂里的每个工人都在做他们应该做的事。

高效执行4原则给他们带来了突破性的进展，工厂的财务业绩从两位数变成非常强劲的三位数。

塔尔伯勒工厂的一个显著变化就是从关注滞后性指标到关注实时的引领性指标，具体的改变包括原来的小时工现在全天上班，自我管理，自己决定工作重心，这种转变的关键就是至关重要目标会议。

在塔尔伯勒工厂，每个团队每周都召开至关重要目标会议。在会上，每个人都向大家汇报自己做了些什么工作，取得了怎样的成绩，达到了怎样的目标。每一周，他们都集思广益，想办法推高记分牌上的分数，并且向至关重要目标努力。他们特别热衷于庆祝成功（举办庆祝宴会），以及帮助彼此清除障碍，至关重要目标会议使他们集中全力达到至关重要目标。

塔尔伯勒工厂在实行至关重要目标会议18个月后：

- 生产线上的开支减少了100万美元。

- 降低了本财政年预算的30%。

- 没发生任何影响生产的事故，全年只有一次小事故。

- 第二年的第一季度，就超额完成了年度计划任务。

工厂的经理评价"高效执行4原则"说："对于引进任何创新管理方法的公司组织来说，高效执行4原则都是取得成功的有力工具。与六西格玛管理法（Six Sigma）、精益生产（Lean Manufacturing）和自我管理团队（Self-Directed Work Teams）比起来，我认为高效执行4原则能真正帮你达到理想的效果。"

DATE

Chapter 3

IIIIIIIIIII Essential Solutions
to Key Execution Challenges

第三章

面对执行挑战的解决之道

高效执行意味着面临和赢得更多
的日常挑战，认真执行"高效执
行4原则"是成功应对这些挑战
的关键。以下是人们对"4原则"
提出的25个常见问题及回答。

1. 我们已经花了很多时间开会——为何又多此一举？每周的至关重要目标会议真的如此重要吗？

　　每周的至关重要目标会议不仅非常重要，而且还非常必要。

　　至关重要目标会议传递出一个信息，那就是领导真的非常看重这个至关重要目标。公司开会隆重宣布一个重大目标或计划，然而从此以后再没人提过，这屡见不鲜。每个人刚开始都致力于做大事，但这份雄心很快就在每天的压力下蒸发了。与之相反，高效的团队至少每周都会面——有时候甚至更频繁，讨论已经取得的成就和计划下一步的动作。

　　如果你好几个星期都取消了会议，那么团队得到的信息便是："那个至关重要目标一点都不重要，我们也不必太严肃认真。"然后他们就像往常那样该干什么干什么。

至关重要目标会议让每个人对结果负责。当每周都会有人问，你上周承诺的事情有没有做到时，那么你就会更积极地履行自己的承诺，其他人也是同样。每个人在作出承诺时，都想要全力完成它，但是如果没人再提及这些承诺，其他事情就会把它们挤出去。

至关重要目标会议帮你适时修改前进路线。没有什么策略是完美无缺的，在开始的时候，并不是一切都那么清楚。就像你将赌注押在引领性指标上，你会时刻关注它们，并对每周的至关重要目标会议的结果负责。看到记分牌，你就会发现有时候你赢了，有时候输了，这给你更充足的理由来调整策略，提高分数。

打个比方，一座大城市新任的市长承诺他将极大地降低犯罪率。他知道这是他的至关重要目标，为了完成这个目标，他和他的下属必须严格对这个目标负责，所以他发起了他所谓的"晨早会"。每天早晨他和执法部门都在一个犯罪率记分牌周围开会，进行头脑风暴以确定当天该做什么。这些会议"关乎计划也关乎责任",市长后来说道:"人们一旦知道,办不好事情会被问责,就会有动力去尝试新策略新方法。"

这个会议也有另外一个作用,那就是作为一个头脑风暴的过程,"不同岗位的同事可以自由分享自己在工作过程中积攒的技巧和智慧,这可能会给其他同事以启发"。

结果呢?在市长任职期间,重大犯罪减半,杀人案件减少三分之二。

所以,你说你是不是需要每周一次的至关重要目标会议呢?

2. 怎样使至关重要目标会议更高效?

至关重要目标会议不是普通的员工会议,它是一个高度集中的会议,至少每周一次,由确实负责达成至关重要目标的团队成员参加。高效团队在至关重要目标会议中做以下三

DATE

件事：

相互担责周会 汇报上周工作计划完成情况。如果有进展，就大肆庆祝吧。如果没有，要保证员工不会因失败和挫折而气馁。这个阶段应该就重要成果和困难进行快速汇报，而非大家围坐在桌边，一个个地发言，说话的人倍感压力，而其他人在开小差。

回顾记分牌 寻找成功和失败的经验，确保记分牌上的分数是准确的并且是及时更新的。认真检查——什么在变而什么不变？为什么某些指标有效果，而某些指标没效果？你上周采取的哪些不同做法取得了效果，哪些没有效果？这些方法这周还可以继续使用吗？

计划 清除障碍，作出高质量的承诺，团队工作是清除计划过程中的障碍并达成至关重要目标。

这个阶段是进行自由对话和积极解决问题的时间。你尝试过哪些方法？谁可以帮助你？谁大笔一挥就可以解决这个问题？有什么因素是我们没想到却可以改善局面的？让团队成员作出清晰

DATE

的承诺，将承诺记录下来，并张贴在显眼处。

使用本书提供的"至关重要目标会议分析器"（见180-181页）来计划高效的至关重要目标会议。

3. 我们弄不明白引领性指标和滞后性指标的区别，为什么一定要同时在记分牌上追踪这两种指标？

为了达到至关重要目标，团队必须同时跟踪引领性指标和滞后性指标，并了解它们的不同之处。

大多数公司都有许多滞后性指标，诸如收入、业绩、订单数等。滞后性指标是在项目完成之后再进行评估和总结，有滞后效应，所以并不能直接影响项目进展。例如，一个建筑公司设定的至关重要目标是保障工人的安全，因为工人总是受伤，导致保险费用不断攀升。在这个案例里，滞后性指标就是事故报告。不幸的是，我们不能在收到事故报告后再行动，那就太迟了，对工人的伤害已经既成事实。

DATE

而引领性指标是追踪那些最有可能达成目标的行动。"引领"是行为上的，是可以影响和改变行为的，你可以按照"引领"的指示去做。例如，这家建筑公司的引领性指标就是服从"八大安全标准"，这是他们的至关重要目标。工头们以一份安全清单为标准，在现场互相打分：该组的每个工人是否都佩戴了安全帽、手套、鞋子和护目镜？顶层是否设有护栏，保证工具不会掉落？

一旦开始打分并评比，工人们的表现立即就不一样了，得分较低的小组很快就会努力追赶上来。当引领性指标（服从安全标准）升高，滞后性指标（安全事故的数量和严重程度）就会降低。

有一点需要强调，那就是，引领性指标常常很难做到而且很难衡量。工头们以前从来没有给安全标准打过分，也很少进行安全检查。这是一套新流程，很多人认为是"额外"的工作。尽管如此，由于这是至关重要目标，他们还是照做了。结果如何？整个公司的安全指数有显著提高，一个工地整整18个月只有一个工人膝盖

DATE

扭伤。

是高效地执行至关重要目标，还是平庸地完成工作？"原则2：贯彻引领性指标"是产生变化的关键。

利用本书提供的"引领性指标创建器"（见172—173页）来为你的至关重要目标设定引领性指标。

4. 高效执行4原则看起来就像一个自上而下、听老板指示的模式，那岂不是没有给员工留下自由发挥的空间？

高效执行4原则既不是自上而下的，也不是自下而上的——它两者兼有之。领导必须确定方向。不过正如威廉·爱德华兹·戴明（W. Edwards Deming，美国著名质量管理学家）所说的"在员工十平米的工作空间里，他自己就是专家"。4原则使这两个相对立的观点融合在了一起。

某大型高科技数据处理公司做得就非常好。他们的至关

DATE

重要目标是在一个竞争日益激烈的全球市场里有出色的表现，这个目标是公司上层设立的。当公司上层向下一层宣布这个目标时，他们称之为"初稿"。每个下属层都有机会说出他们对这个至关重要目标的看法，并且更重要的是，他们会提出更好的至关重要目标。有时，领导层会采取建议并且改变至关重要目标；而有时，领导层决定不更改目标，但他们会给出一个解释，为什么不采纳该建议，这些会议的内容将会直接传达给前线团队。到那时候，领导层已经完善并修改好了至关重要目标的意见稿，而下属团队也已经明确他们将为至关重要目标作出哪些努力。

尽管团队提出的想法有时候会因为某些原因被否决了，但团队成员几乎毫无例外地说，他们很高兴，也感到惊讶，有这样的机会与领导者对话，去理解领导是如何设定至关重要目标的，以及有机会为至关重要目标作出贡献。

利用本书提供的"至关重要目标流程图"（见174-175页）

DATE

来弄清楚团队的至关重要目标和公司目标之间的关系。

5. 我们公司以前也引进过类似的激励项目，但都没能坚持下去。我们如何克服对执行4原则的疑虑，并将其付诸行动呢？

许多公司都曾上马过一些激励项目，执行的第一天无不轰轰烈烈，但很快就销声匿迹了，被戏称为"第一天项目"。随后，领导者就在寻找下一个"魔法子弹"，因此引发员工们的冷言冷语。就像史蒂芬·柯维喜欢说的那样，"你自己的行为不当导致的某种处境，不是说说就能摆脱的"。所以当你在一个充满怀疑和不信任的环境中实践执行4原则时，就需要慢慢开始，设立一个极其重要的目标，这个目标的实现真的会给人们的生活带来改变——会影响员工和他们的工作生活质量。

然后，在设定了一个充满雄心壮志的至关重要目标之后，

📄

DATE

经理就必须积极设置记分牌，不断地更新分数，以及每周召开至关重要目标会议，向团队证明他们真的可以达到前所未有的成功。

瞄准目标，坚持下去，快速取得成功。一旦团队了解通过执行4原则，他们可以显著地提升业绩时，你就可以放心地设定更远大的目标。

6. 我们的工作和生活是如此忙碌，总是到处"救火"，我们怎么才能挤出时间给至关重要目标呢？

几乎每个人都遭遇过日常"旋风"的侵袭，从医院到学校到杂货店，每天忙忙碌碌的人随处可见。你不是一个人有这样的感觉。

请记住至关重要目标的本质，如果你没达到你的至关重要目标，那么长远看来，你做的别的任何事情都没什么意义。仔细考虑一下我们之前提到过的"时间管理矩阵"（见43页）。

DATE

问卷调查结果显示，40%的日常工作时间都耗费在第三象限和第四象限中，有些任务看上去紧急，实际上并不重要：不必要的会议、行政事务以及其他与公司目标无关的活动。大刀阔斧地砍去这些活动，这就会让你有时间花费在有优先权的事情上。

大多数至关重要目标位于第二象限，因为它们指向公司和组织的长期成功。当你不懈地参与到第二象限，花更多时间规划、执行至关重要目标，并为其结果负责，你就会觉得日常"旋风"正在减弱，紧急又重要的第一象限甚至可能消失。

随着你更熟练地运用4原则，你会觉得闹哄哄的第一象限和令人厌烦的第三象限在逐渐减少，从而有更多时间投入到第二象限的事务中，此类事务能真正使组织更优秀、更有竞争力。

运用本书提供的"工作指南"（见176-178页）来确定每

DATE

周最重要的事务。

7. 我是一个经理，正在严格遵照至关重要目标的原则工作。我有一点很疑惑：除了至关重要目标之外，工作中的那些日常事务和突发的关键任务应该怎么处理？

DATE

当经理人们采用4原则时，他们需要转变思路。有些经理人是这样看待工作的："啊，忙碌的一周又要来了，我要被压垮了！我被100个紧急任务绑架了，还有1000个打扰我工作的事情。如果我没有回应，那就是我工作不称职。而我这一周真正想做的那些工作，能完成一小部分就谢天谢地了。日复一日，周复一周，都是如此。"

真正成功的执行者是这样看待工作的："我将满怀信心地开始这一周！"他们心志坚定地寻找最优方案，从容分配每天和每周的时间。

当你拥有这样的心态时，就可以每周预留一部分时间，聚精会神地高质量完成至关重要目标——不是一次又一次地冲过去解决危机，而是

为公司真正做一些长远的打算和计划。在每周分配工作时间的时候，先安排位于第二象限的事务，然后再安排其他工作。

每当最优先的事务被其他事情所挤占，你就要考虑一下："我真的需要做这件事情吗？可以把它分配给别人做吗？这是利用我时间的最佳方式吗？"那些不必要出席的会议，你可以选择不去。屏蔽那些不需要你表决和建议的抄送给你的邮件，每周看一次就够了。

总之，优先安排能达成至关重要目标的事务。

利用本书提供的"工作指南"（见176-178页）来规划本周的时间。

DATE

8. 我们团队的至关重要目标需要其他团队的支持，比如IT部门和产品设计部门，但他们有自己的目标，我们如何共同努力达到各自的目标呢？

领导者的首要任务就是站在整个公司的高度，设立和部署高质量的、具有内在激励性的至关重要目标。不幸的是经理们并未做好这件事情，结果就是"分道扬镳"（我有我的目标，你有你的目标）或者"分庭抗礼"（我的目标和你的目标相违背）。

一家媒体公司财务部的经理设定了该部门的至关重要目标：通过减少应收账款账龄来节约公司成本。很快他就发现，尽管他的团队付出最大的努力，还是达不到目标或者甚至不能取得任何进展。

为什么不行呢？因为销售部门有自己的目标：赢取市场份额，因此，他们的策略是：给客户较为宽松的赊销期。当

DATE

然，财务经理无权干涉销售部门，因此他给公司的CEO、CFO和销售部门总监做了一次演示，向他们展示了公司因此遭受的巨大损失。高层对此非常震惊，销售部门马上改变了做法，公司因此受益颇多。

在确定至关重要目标时，你必须要考虑到其他利益相关的部门，与他们协商解决问题。如果其他部门并不合作，你可以考虑换一个你能完全掌控的至关重要目标。

9. 我们部门从一个至关重要目标开始，一级一级地分配给众多运营及服务团队。我们现在有36个至关重要目标，该怎么更好地管理这些目标呢？

管理层要做的首先是给每个团队分别设定目标，消除歧义，融合不同意见，以及打消员工的疑虑。你们已经做到了这一点，干得好！

管理层要做的第二件事就是确保在公司各个层面全面高效地贯彻至关重要目标。

为了管理这些数量众多又相互关联的目标，

我们的一个客户建立了一个"超级"记分牌，显示个人和子团队的目标和取得的结果。他们自创了颜色标记法，"绿色"代表取得重要的成就或遵守了某项规则，"黄色"和"红色"则代表目标完成情况不佳，记分牌由团队经理每周更新。

当部门领导举行每周一次的至关重要目标会议时，他们做两件事情：

首先，他们为状态是绿色的团队庆祝一番，嘉奖他们到目前为止工作进展得很顺利。其次，他们分析黄色和红色的团队失败的原因，帮助他们变绿——需要资源，需要人手，还是需要转变工作思路？

整个部门的记分牌是公开可见的，每个人都可以看见他们的团队和其他团队的"颜色"，并且，整个团队都可以看到，他们的经理是否在努力，带领团队把黄色和红色尽快变成绿色。

毕竟，这就是问责制应该有的样子。

DATE

利用本书提供的"至关重要目标流程图"（见174—175页）弄清团队和至关重要目标之间的关系。

10. 填好每周的"工作指南"，更新记分牌数据，召开相互担责周会——看起来工作量很大。难道这些不是为了减轻我们的工作负担吗？

工作指南、记分牌和每周的至关重要目标会议是为了使你集中精力工作，这些工具可以消除你对什么重要什么不重要的疑虑，从而简化你的工作。

但是，只有当整个团队都了解并全身心地投入至关重要目标的时候，才会生效。如果你只是像往常一样工作，不作出改变，这些工具也许对你来说一点用处都没有。

而且，如果团队没有相互担责周会，这些工具也没有价值。相互担责周会将使你离开你的舒适区，改变你的工作方式，你需要从团队同事那里汲取建议、获取支持和相互协作

DATE

来纠正工作方式。

充满热情地坚持4原则吧，在至关重要目标会议中：

利用"工作指南"来衡量上周工作进展，用数据和数字来说话。

坚持更新记分牌，注意看每个引领性指标的数据。

利用"工作指南"来计划下周的工作，这些工作将对提高记分牌上的数据有深刻影响。

这就是执行的本质——每周都向目标迈进，"工作指南"（见176-178页）、记分牌和至关重要目标会议确保了高效的执行。

11. 我们现在都非常认同至关重要目标的理念，但当我们做每周计划的时候，对于哪一个是至关重要目标，通常无法达成一致，我们该怎么办？

最成功的执行者把每个目标当作一个项目，完成一个项目需要确定关键行动、关键步骤和负责人，还有里程碑和截止日期。我们看到了很多

DATE

热情洋溢的团队在疯狂地追逐重要的目标时，毫无头绪，反复失败，直到他们最后聚在一起制订一个有时间期限的行动计划。

例如，一个制造工厂设立了六西格玛改善型目标，但他们的项目延迟很严重，最后甚至会不了了之。直到他们运用高效执行4原则，建立了引领性指标，设立了显而易见的记分牌，上面标注着执行六西格玛的进展，他们才开始真正取得成功。项目历时36个星期如期完成——之前用时平均54个星期。

重点是：个体团队成员不能擅自决定每周最重要的工作，至关重要目标会议的意义就在于，规划团队中每个人最优先的工作，让大家站在一个阵营里，集中火力，猛攻目标。

利用本书提供的"工作指南"（见176-178页）为每周设立一个最优先的目标。

DATE

12. 高效执行4原则如何运用于生产线上的工人呢？他们的工作是操作机器，生产产品，他们需要设立每周的至关重要目标吗？他们需要至关重要目标会议和填写"工作指南"吗？

经验丰富的生产线管理者都知道，一个优秀的生产系统依赖于三个基本要素：（1）生产线的技术要先进（它是否精益？是否跟得上发展）；（2）操作生产系统的人要靠得住（是否勤奋且充满热情？是否严格遵守生产规范和安全条例）；（3）持续的进步（我们是否每周都有可见的进步）。

有了这些基本条件，生产线的工人就肯定会有每周的至关重要目标。因为虽然工人们已经做得够好了，但是每一条生产线都有未开发的潜力，每个工人都有进步和再培训的空间。所以，工人们就像任何人一样，都需要每周制定至关重要目标，并在会议上宣布出来。

DATE

举例说明，一家报社的至关重要目标是提高质量，减少生产周期并且减少印刷浪费，所以生产线上的工人需要每周的至关重要目标会议吗？必须的！他们必须不断提出更好的工作方法，每个工人都对至关重要目标作出贡献。当工人参与到制定引领性指标和庆祝记分牌上的成功时，他们会发现他们每日的任务真的可以使整个企业获得成功。

每个团队成员都需要有自己的每周"工作指南"（见176-178页）。

13. 我们的团队已经制定了三个至关重要目标，我们都一致认为这三个目标很重要，但是经理不停地分配给我们其他的目标、项目和任务，我们该怎么办？

有一种经理一定要让员工手里的事多得干不完，不然绝不罢休；另一种经理会不断提出新的好点子让员工去实施，

DATE

这两种人的管理都是失败的。

所以这时候最好的防守就是主动出击，集中精力于至关重要目标并随时准备好你的"工作指南"。当领导想分配给你一份新任务时，你只要举起手中的"工作指南"，礼貌地问他："我应该把这些事情中的哪一项忽略掉，来做新工作呢？"多数时候，老板会对至关重要目标表示理解，并让你保持原来的工作计划。

如果这个行不通，那就将与至关重要目标有关的任务所需时间和领导分配的"额外"任务所需时间记录下来，在至关重要目标会议上逐个讨论，从而要求经理帮你扫清障碍，达成至关重要目标。

利用本书提供的"工作指南"（见176-178）与你的经理就本周最优先的工作达成一致。

DATE

14. 事实上，我们达成至关重要目标与否，都对工人
    没什么影响。即使我们达到了目标，他们也不高
    兴，我们没达到目标，他们也不难过。此种情况
    下，执行4原则怎么运用？

要当心，你看人不一定那么准确，通常这种想法来源于
片面地看待别人——那就是，工人们只在乎钱。

好消息是，人并不是只在乎钱的生物，他们也是有感情
的，有精神方面的需要的，他们乐意看到自己的贡献被承认
或者受到重视，至关重要目标的流程就可以达到这一点。当
人们参与至关重要目标的制定，以及相关80/20活动的选择，
他们就会积极参与到达成至关重要目标中去。当他们看到记
分牌上扬，明白他们所做的事情真正有意义时，他们的潜力
是无限的。

人同样有使用思维能力的需要。达成至关重要目标过程

DATE

中的智力挑战，对新的以及更好的工作方法的不断尝试，在过程中领悟到的可行和不可行的方法——高效执行4原则激发了整个团队或部门的无限潜力。

15. 我们制定了一些很棒的至关重要目标，对此我们感到很兴奋，并迅速投入到每周的承诺、担责和计分的流程中去。但是几个月过去，我们变懒惰了，忽视了记分牌，也错过了每周的至关重要目标会议，我们如何保证"4原则"一直运行下去？

人们渐渐忽视"4原则"的原因有以下两个：

首先，至关重要目标并不是那么重要！目标的设定不够大胆，它产生的影响也就不够大，所以人们也不愿意走出他们的舒适区，去取得真正的进步。当你看到人们又回到他们的一如既往的工作状态中去，那你就需要重新检查至关重要目标，确保这个目标是否真的值得员工全身心付出。

其次，经理们有时候缺乏贯彻执行至关重要目标的决心。经理们必须持续不断地、义无反顾地，甚至狂热地坚持4原则的理念，特别是"原则4：建立相互担责的节奏"。

如果员工最初的热情高涨、勇于承诺和快速成功被懒惰取代，经理们就必须加倍努力，让团队回到正轨。坚持不懈地举行每周的至关重要目标会议，严格按照会议流程进行；更新和回顾记分牌，它会对团队的颓势给出准确的预警。

除此之外，团队领导应以身作则，为其他人树立良好的榜样。你不能只是嘴上说说，而是要严于律己，亲自实践，让团队成员每时每刻都能看到。

利用本书提供的"至关重要目标会议分析器"（见180-181页）来布置你们团队专属的至关重要目标会议。

DATE

16. 我们每天都要追踪无数电子表格和电子屏幕上的数据，每个经理都有详细的操作报告。现在你告诉我们要设立记分牌，这真的有必要吗？

这些表格、屏幕和报告都是用以追踪至关重要目标进展的吗？它们是否同时追踪了引领性指标和滞后性指标，所以你能够快速高效地作出回应？它们是否是公开可见的，所以团队里的每个人都能看到他们表现如何？这些数据真的能鼓舞员工的士气吗？

你看，真正的记分牌能做到这些。它衡量员工为达到目标所作出的努力；它使整个团队和每个成员都能实时地看到引领性指标，作出回馈，并在事情恶化之前作出必要的调整。真正的记分牌对每个员工都是可见的，真正的记分牌（如果不是每天）至少每周都能引发对话和回应。

经理桌面上的电子表格并不是记分牌，想象一下，一场

DATE

DATE

盛大的运动比赛，只有双方教练知道比分，场上的队员不知道，观众也不知道。你会看到，场上队员根本不知道下一步该怎么做，也看不出来他们是士气高涨还是精神萎靡，场外观众也是很快就失去了兴趣。

确实，大多数公司和组织都在数据的海洋里不能自拔，具有前瞻性的团队应该聚焦到至关重要数据上。激励性记分牌就有这种功能，它是可见的，可行的，充满激励的。

利用本书提供的"做一个完美的记分牌"（见38—39页）来制作你们团队独有的记分牌。

17. 我们真的需要在至关重要目标会议上汇报自己经历的挫折和失利吗？这样不会让人感到尴尬吗？

坦率而言，很多人确实都想回避4原则中"担责"的环节。和团队面对面，告诉同事你没有完成承诺的任务，拖了整个团队的后腿，导致团队没有完成进度，或者报告整个团队，上周你承诺要电话拜访的4个潜在客户都很冷淡，这确实需要勇气。

但是报告失败与报告成功一样重要。

通过回顾失败，团队可以了解达到至关重要目标过程中遇到的障碍。理解引起失败的根源为团队成功的道路扫清障碍，例如说，一个商店的烘焙部门需要改善店内环境，但是周复一周，都没有任何进展。在至关重要目标会议上，大家发现问题的核心在于员工的漫不经心和资源有限，所以，商店经理亲自督战，鼓励烘焙部门的员工集中精力于"一件事情"，以推进这一项在记分牌上的分数，面包店的面貌和感觉随之逐渐改善。经理还给面包店提供了不少资源，帮助他们达成目标。

有时候，团队成员一次又一次地完不成任务，这时候，至关重要目标会议就给你机会，适当地引导他们，让他们逐渐强大。如果员工一次又一次地达不到要求，还藏着掖着不让人知道，那他们永远也不会进步。

DATE

至关重要目标会议的一大规则：就事论事，对事不对人。如果是员工能力问题，应私下解决。至关重要目标会议是解决问题的会议，不是针对员工本人的会议。

18. 如果我们引入4原则的话，需要多久才能在数字上看到成果，多长时间才能感受到公司文化的改变？

执行4原则后，你很快就能看到巨大的改变。在三到四个月内，4原则就会牢牢地在组织机构内部扎稳根基，渗入公司文化，产生实际效益。你可以大胆地向公司高层承诺这两件事：（1）你在至关重要目标上取得的成就；（2）你在实施4原则方面取得的成功。这种可见的、高水平的相互担责机制能激发团队发挥出他们最好的水平。

高效执行应成为一种习惯，不幸的是——即使施行初期已经得到显著的成果——许多团队渐渐回到他们的老路上，

DATE

要将高效执行如铁的纪律一般完全融入公司文化需要很长一段时间。

19. 在过去的一年里，我们完全按照4原则来办。我们制订了至关重要目标和引领性指标，每周都狂热地执行，但我们却没有看到效果，现在该怎么办？

一些团队有这种经历，他们确实没做错什么，但是毫无效果。

至关重要目标就像一个"战略性赌注"，当你设定一个至关重要目标，你就是在赌：这个新产品会不会受欢迎，这个新方法会不会有效。随后，你又下了一个"执行性赌注"，你确定80/20活动、引领性指标，不懈地推进指标，信心满满地认为你会赢得这个"战略性赌注"。

但有时候你不会赢，不经实践检验，谁也不知道这是不是一个好主意。不推向市场，谁也不知道这辆新车能否卖得好，我们都在下赌注。当然，这是一个经过深思熟虑的赌注，但本质上也是在赌。

说一个案例。

一家保险公司针对新市场推出一项新的保险方案，这也是一个战略性的赌注。他们提出了周密的方案，召集了精英销售团队，全力推广这个产品。他们疯狂地执行，每周准确地依照计划推高记分牌上的引领性指标。

但六个月过去了，滞后性指标没有进展。在这期间，一个很强劲的竞争对手设计出一款低成本的同类产品，通过电子渠道分销。这时候，竞争对手的"战略性赌注"显然赢面更大。

所以，在保持自信和激情的同时，准确并清醒地设定你的至关重要目标，要使"战略性赌注"更优化，同时一边留心记分牌上的分数，一边留心你的竞争对手。

如果有必要，利用本书提供的"重要性筛选工具"（见164—166页）来重新考虑你的至关重要目标。

DATE

20. 如果一位上司领导的几位员工都有互不相关的工作职责，他们在组织层面是一个团队，但是他们无须相互配合来完成目标。这样的情况需要团队目标吗？

这里需要牢记的原则是，目标决定团队。

"团队"这个词如今已被滥用。团队的定义是共同努力达到目标的团体，一旦目标达成，团队就没有存在的意义，除非有另一个目标出现。

理事会、董事会或者委员会并不一定是一个团队。

既然目标是团队成立的前提，只有要为目标负责的人才应该是团队成员。只要团队成员是为一个目标服务的，那么即使他们的工作职能各异，他们也是一个团队，反之，团队就不成立。

例如说，执行理事会成员可能互相讨论，给予建议，但如果不为同一个引领性指标负责，他们就不算一个团队。

也就是说，只要有一个至关重要目标，一伙

人就可以成为一个团队。例如，一个财务部门由财务总监带领，包括财务主任、内部审计长、税务主任和其他方面的几位领导。最初，这些领导并不把他们看作一个团队，因为他们没有共同的至关重要目标。但经过反思和讨论，他们发现，必须使整个公司对财务知识有一定的了解，这样才能避免其他部门作出糟糕的有关财政的决策。随之，他们设立了一个至关重要目标，就是通过普及财务知识，让各部门做决策时考虑到财务状况，从而减少公司损失。他们的策略非常成功，公司损失大幅下降。

请记住：除非有明确的共同的至关重要目标，交叉职能的工作组合不能叫作团队。

利用本书提供的"至关重要目标会议分析器"（见180-181页）来决定你的团队人员构成。

🗐

DATE

21. 哪一个至关重要目标和引领性指标更重要，公司的还是团队的？假设我是经理，是我们团队的至关重要目标优先，还是老板的至关重要目标优先？

你的团队至关重要目标和指标应是最优先的。你在计划每周的"工作指南"的时候，应该总是把实现团队的目标放在首位，这样，你就会每周都回顾一遍至关重要目标和引领性指标。

如果你是项目经理，首先应该负责的是确保你们团队的至关重要目标出色完成。另外，如果你在设定团队至关重要目标时，已经考虑到公司至关重要目标，那么，你为团队目标努力就是为公司努力。

利用本书提供的"至关重要目标流程图"（见174-175）明晰团队目标和公司宏观目标之间的关系。

DATE

22. 我们的团队至关重要目标是否要与上级的至关重要目标一样？如果上级没有明确的至关重要目标，那该怎么办？

当设定至关重要目标时，团队应该考虑到整个组织和上级的目标。问自己这个问题：我们可以为上一级的至关重要目标作出什么重要的贡献呢？这个问题的答案会助你选定团队的至关重要目标。

然而，不能生搬硬套上级的至关重要目标。比如，公司也许有一个至关重要目标是提高百分之多少的总收入，但是你们团队并不负责销售，那么，你们跟公司的收入目标有什么关系呢？你也许可以帮助提高客户忠诚度，这样一来，客户会再来买更多商品。你也许可以研发新产品，从而扩大公司的营收渠道。不管你负责什么，你的至关重要目标应该在相当程度上为更高层的目标作出贡献，而不是仅仅与这些目

DATE

标相同。

如果你不知道公司或上层的目标，你可以为你自己的团队创造出重要的、激励人心的至关重要目标。

利用本书提供的"至关重要目标流程图"（见174–175）分清你团队的至关重要目标和公司目标之间的分界线。

23. 记分牌和汇总表或者记分卡有什么不同呢？

有时候这些词可以混用，但是它们之间也存在着重大差别。

记分牌是对于一个团队而言的，在体育场上，团队不断盯着记分牌并且适时调整他们的策略，它是公开可见、不断更新的。

汇总表主要为组织领导者所用，就像汽车的仪表盘是给司机看的（司机之于汽车就如同领导者之于公司），显示为了管理好一个组织需要采取的关键措施。它更私密，也更客观，

DATE

一般不具有激励效应。

记分卡是对于个人而言的。在玩高尔夫球时，人们拿着自己的记分卡来追踪记录其个人表现。

一些公司和组织采用一种"综合记分卡"来追踪滞后性指标、客户信息、财务状况，甚至公司文化。如果记分卡上发现巨大空缺，那么这一方面就会成为备选的至关重要目标。需要强调的是，一定不要将记分卡上的每一个标准都设立为至关重要目标，至关重要目标只能有一个，而不是12个或16个看起来同样重要的目标，记住"聚焦"是4原则的重要理念。

综合记分卡并不是团队的激励性记分牌，激励性记分牌是追踪引领性指标和滞后性指标的。

24. 我们以往的观念都是应该衡量结果而不是过程，但是引领性指标却让我们追踪过程，对吗？

当人们说应该追踪结果而不是过程时，他们其实是想澄清一种普遍的误解——过程等于结果。比如说，学校经常假定，一个学生花了几个小时来做某事，这就意味着这个学生学习了某事。但这可能是错误的，学生可能学进去了，可能根本在走神，这时候，结果并不等于过程。

高效的团队追踪结果，同时也追踪过程——但是只追踪过程的一小部分活动，比如对结果影响最大的80/20活动。这种活动直接关系着目标的达成，所以团队热衷于追踪它，这就是引领性指标。

例如，一个销售团队有明显证据证明，当面拜访客户的成功率很高，对至关重要目标的达成有很大影响。所以，团队积极地追踪这些信息：面谈的次数、面谈的质量和面谈所获知的信息。

团队的激励性记分牌一定要同时显示引领性指标和滞后性指标。滞后性指标追踪结果，引领性指标追踪过程中的关键活动——对结果至关重要的80/20活动。

DATE

利用滞后性和引领性指标创建器（分别见168－169页和172－173页）打造你的记分牌。

25. 你说在至关重要目标会议中我们应该"从成功和失败中学习"，我理解至关重要目标会议是关于制订行动计划的，"学习"听起来很被动，不主动。

至关重要目标会议的意义是提高执行力，团队只有不断学习，才能提高。

高效团队在至关重要目标会议中既报告成功，也报告失败。他们庆祝成功，因为他们正在向至关重要目标前进，但是他们也从成功中学习到怎么做更好。

例如，一个销售建筑材料的公司的至关重要目标是大幅提高木材销量。有一天，营销团队进行了一个尝试：发商品征订邮件时，发两封而不是一封。

结果是，那一周木材销售额是以前的三倍。从那以后，发两封邮件就成了这个团队日常必做的事情，这样一来，达到至关重要目标变得更容易了——不断学习的团队才能获得成功。

在另一个案例中，一家报社的分类广告部的至关重要目标是阻止广告收入下滑。他们设立了6千万的目标——比去年多了整整1千万。为达到此目标，团队设立了激励性记分牌，建立了引领性指标：给素未谋面的客户打电话的数量，给曾经合作过的客户打电话的数量，争取向上销售的电话的数量；同时他们也建立了滞后性指标：最后的销售成果。一年过去了，他们总结经验，发现其实打电话的质量比数量重要。要在电话里更好地说服客户所花的时间比他们想象中长，所以，他们减少了打电话的任务。结果是，这些高质量的电话得到了史无前例的高回报，创造了新的销售纪录。

他们还学到，最赚钱的广告并不是来自新客户或者以前合作过的客户，而是来自向上销售，也就是说服现有的客户升级广告规格，他们在这方面也创造了新的销售纪录。那一年，他们的业绩高达6100万，并为下一年定下了更大胆的目标：6600万。

高效团队不但汲取成功的经验，也从失败中学习。他们不会隐藏自己的失败，而是公开讲述自己遇到的障碍，使团队可以借机学习如何克服困难。

例如，在一个信用卡公司，损失预防团队的记分牌连续

DATE

几周都没有进展，不负责任的持卡者和诈骗犯使他们损失惨重。他们坚持尝试不同的引领性指标：规定给持卡者打电话的数量，尝试冻结银行账户等。最后他们发现，通过认真审查信用卡申请者的背景，结合其信用记录，可以有效过滤80%的不良客户的申请，所以，审查客户资料的数量和质量就成了他们最重要的引领性指标。

当你刚刚起步，向着至关重要目标努力时，并不是什么事情都是明朗的。引领性指标只是一种假设，团队需要通过实践检验这个假设，分析得出某种结果的原因，并从中学习，从而每周纠正错误路线，向着至关重要目标前进，直到目标完美达成。

利用"至关重要目标会议流程"（见45页）来确保至关重要目标会议能帮助你的团队学习和进步。

Chapter 4

Essential Readings

第四章

高效执行者必读文章精选

卓越的执行力是如下这些商业经
典著作的主题。这里所展示的关
于执行力的高见均来自世界级的
思想家，熟读它们，会帮助你高
效达成你的至关重要目标。

"黑暗"中的知识员工

——史蒂芬·R.柯维

DATE

　　在我们从传统的产业经济转型为知识经济的过程中，我们面临着许多巨大的、始料未及的挑战。如今的知识员工与传统的工人不同，传统的工人的职责清晰明确，而现在的知识员工很多时候都在"黑暗"中摸索着工作。

　　在流水线上工作的工人根本不需要对他的工作精确定位，而知识员工就不同。一个知识员工有许多职责，从管理咨询师到客户服务专员，不一而足。面对不明晰且不断变换的工作重心，相互矛盾的需求以及不断地受到打扰的状况，他们发现自己很难"聚焦"。

无法聚焦会引发很严重的问题，如果我们投入最大的、最优秀的人才对公司和组织的关键目标不明确，那就不要奇怪如此多的公司和组织在通向成功的路上跌跌撞撞。

对公司和对个人来说都是一样，一个最重要的有关效率的原则就是"以终为始"。要确保员工明白公司的"目标"，领导者应该做以下五件事情：

1. 决定至关重要目标。

2. 把这些目标讲清楚。

3. 认可并奖励为目标而做实事的人。

4. 定期强调至关重要目标。

5. 确保员工明白，为了实现目标，他们个人应该做什么。

哈里斯互动和富兰克林柯维公司的一项联合调查询问了10个行业的超过11,000名员工，他们供职的公司有没有执行上述五件事情。令人警醒的是，50%以上的员工的回答是"否"。

DATE

DATE

这项调查发现，只有52%的员工认为他们供职的公司曾经设定过至关重要目标。十个人中只有四个人表示这些目标被清晰地传达给他们，并被不断地强调。显然，员工是不可能执行一个他们既不知道也不理解的目标的。

同样令人警醒的是，明白为了实现组织目标，自己应该做什么的员工的数量之低——仅仅49%。

想象一下，一个足球队只有一半的队员知道球在哪里，明白他们为了夺取控球权，自己应该扮演什么角色——这大致就是当今公司的典型特征。

为什么这些数字如此惊人？一半员工不明白他们所在组织的至关重要目标，这是为什么？原因大致有如下几个。

领导者自身也不清楚哪个目标更重要，很多领导人分不清真正重要的目标和短期来看比较重要的目标，而且，决定至关重要目标需要审慎的思考。

即使领导者设定了至关重要目标，需要执

行它们的员工也是最后知道的，如果他们最终能够得知的话。领导变革之父约翰·科特指出，大多数领导者都无法充分传达他们的洞察力。关键目标必须一遍又一遍地传达，不停地强调，而且要用显而易见的方式不断地追踪进度。

最后，当三个人中只有一个人感到，他/她因为努力帮助组织实现目标而受到了嘉奖和认同，那么目标实现的前景之暗淡，就不言自明了。当三个人中只有一个人认为自己对公司的贡献受到了瞩目时，公司的经济损失和精神损失简直不可估量。

众所周知，久经考验的成功领导者只关注少数几个核心重点问题。"一个说出'我有十个要优先考虑的事情'的领导者简直不知所云，"我的朋友、资深企业顾问拉姆·查兰说，"他自己都不知道至关重要的事务是什么。你只能有少数几个非常清晰的目标和优先考虑的事情，这些事务影响公司的整体表现。"

DATE

DATE

说到这里，最基本的问题是执行力。员工必须清晰且精准地聚焦于组织最关键的优先事件——他们必须铭记企业的目标，否则，就不要谈执行。

（史蒂芬·R. 柯维，美国杨百翰大学的万豪商学院前教授，《高效能人士的七个习惯》作者，富兰克林柯维公司创办人之一。此文刊于2003年10月的 CLO Magazine。）

选自《执行：如何完成任务的学问》

——拉姆·查兰

在当今商界，执行力是最重要却最不受重视的原则。执行力的缺失是企业成功的最大单一障碍，也是引发失望情绪的最主要原因，只是之前，这些问题被错误地归结于其他因素了。

作为企业顾问，我曾与大大小小多家公司的高层领导合作，经常连续合作10年或更多。因此，我有机会长期观察公司动向，并直接参与其中。30年前，我开始第一次发现执行力的问题，因为我观察发现企业政策有时无法落到实处。经过仔细观察和研究CEO与部门领导的会议，我发现领导们过于重视有些人所说的高层政策——过于知识化及哲学化，但不重视实施。人们一致同意了某项目或计划，然后却不了了之……时间久了，我发现了一种模式，认识到执行力正是问题的症结。

根本问题在于，领导认为执行是战术性问题，他们更关注"大事"，即战略性问题，倾向于把关于执行的事情分给下属做，这种想法完全是错误的。执行不是战术——它是纪律，是体系，它应被融入公司策略、公司目标和公司文化。许多商业领导人花大量时间学习和施展最新的管理技巧，但是他们对执行力的忽视直接否定了他们花大力气学习和宣扬的理念的价值，这样的领导人的行为就如同建房子不打地基一样。

当公司没有实现既定目标，最常用的解释就是CEO决策失误。但策略本身通常不是原因，原因是策略的执行不到位，预期的事情没有发生。

我们和许多领导谈过，这些领导成了他们作出的承诺和组织交付的结果差距的受害者。

他们通常告诉我们问题在于问责制——人们在执行计划时，没有做该做的事情。他们绝望地希望作出一些改变，但是改变什么？他们不知道……

什么是执行

执行是缜密地对做什么、怎么做进行讨论、提问，坚持完成及充分问责的一个系统性过程。

从根本上讲，执行是系统性地发现现实，并采取行动的方法。

大多数公司不能很好地面对现实。

领导人应集中精力于极少数的几个明确的优先目标，这些目标人人都能轻松领会。为什么是极少数的几个？首先，任何有商业头脑和逻辑的人都明白，聚焦于三个或四个优先目标能够充分利用手头的有限资源，产生更好的结果。其次，如果想让现今的人们高效地执行，目标必须清楚明确。不同阶层的人需要做无数的权衡，有资源竞争、决策权模糊和同事关系，等等。如果没有考虑清楚，或者没有明确的优先目标，人们会因谁得到什么，以及为什么的问题争执不休，停滞不前。

一个说出"我有十个要优先考虑的事情"的领导者简直

DATE

DATE

不知所云，他自己都不知道最重要的事务是什么。你只能有少数几个非常清晰的目标和优先考虑的事情，这些事务影响公司的整体表现。

如果没有人认真看待目标，那么目标再清晰简单也没有用。目标发布后，后续的监督实施流程的缺失在当今商界十分普遍，也是执行力缺失的主要原因之一。你参加过多少这样的会议：人们走出会议室的时候，心里根本不清楚谁应该做什么，什么时候做。大家都觉得这是个不错的点子，但是由于没有人要为结果负责，所以这个点子根本就没有落实，其他看起来更重要的事情出现了……

乔伊的困惑

新任首席执行官乔伊找来了一家顶级咨询公司，设计了一个新策略……乔伊设立了延伸目标，随后，首席财务官把数字分配给了下面的操作人员……乔伊高高在上，关注季度目标。如果季度目标没有达到要求，他就立即给相关负责人打电话，以最严厉的语气告诉他们必须有所改变……

按照传统的管理标准，乔伊做的都是对的；按照执行力标准，乔伊的做法一无是处。

如果乔伊知道高效执行的诀窍，那么他会怎么做呢？

首先，他会让所有要为策略结果负责的人员都参与进来，包括关键的生产人员，一起塑造公司策略，他们会根据公司的实际情况和能力设定一个目标……

其次，乔伊会就执行力的问题询问他的员工：他们计划如何按时完成任务？他们的库存周转、成本和质量目标如何？

最后，乔伊会根据计划进展制定时间表，为相关负责人严格制定问责制。如果他们为了提高产量，引入了一个新方法，那么乔伊就会跟他们达成协议，在某时间之前，项目应该有百分之多少的进展。

乔伊非常聪明，但是他不懂如何执行，雇用他的人也不

DATE

DATE

明白他为什么会失败——因为他们的衡量体系里没有执行力这一项。

董事会解雇了他,聘请了一个懂得执行力的管理团队。这个新任首席执行官来自制造业,他和他的团队与工厂管理人员讨论了实际的执行问题,设定了时间表,制定纪律,持续地追踪他们的表现。

(拉姆·查兰曾任哈佛商学院和西北大学凯洛格商学院教授。本文摘自拉里·博西迪与拉姆·查兰所著的《执行》,作者版权所有。)

选自《把目标变成现实》

—— 吉姆·柯林斯

大多数领导者都怀揣宏伟、艰难却又大胆的目标（即 BHAG）。一些人渴望树立比可口可乐更受欢迎的品牌，另一些则想在互联网平台创建最赚钱的网站。同样，大多数领导者殷切地希望将其宏伟的目标变为现实。为达目的，他们写下愿景，发表演讲，推出改革举措。除此之外，领导者们还制订激励政策、规则及复查机制，并写下原则和操作流程。换言之，在这些美好愿景的驱动下，他们逐层推翻了冗余的腐朽机制。然而，有时你会吃惊地发现，他们的勃勃野心很少能成真。

事实上，在很多情况下，公司往往没必要如此大动干戈。在过去的六年里，我观察并研究了一套简单而有效的管理工具，能帮助公司将目标变为现实，我称之为催化机制，它是

DATE

连接组织目标与绩效的重要环节，它具有把远大抱负变成具体现实的神奇力量，也是目标和绩效之间的关键纽带。换句话说，催化机制验证了独立宣言催生出美国宪法的核心理念，将崇高愿景化作具体实际，它使得宏伟、艰难、大胆的目标（即BHAG）不再遥不可及。

我的研究表明大约只有5％到10％的公司正在运用催化机制，而当中一些并没有意识到它们在这么做。我还发现催化机制是比较容易创建和实施的，鉴于其高效性，催化机制或是领导者们用于实现其宏伟、艰难又大胆的目标（即BHAG）最有潜力的工具。

花岗岩矿业公司的案例

花岗岩矿业公司（Granite Rock）位于加州沃森，是一家拥有99年悠久历史，主营碎石、混凝土、沙子及沥青等业务的集团公司。当布鲁斯和史蒂夫·乌尔珀特两兄弟成为公司的共同总裁后，他们为公司设立了新的BHAG，那就是，深入"服务至上"和"客户100％满意"的经营理念，争取追平甚至超越在优质客户服务方面久负盛名的高档百货商场"诺德斯特龙公司"（Nordstrom）。花岗岩矿业公司作为一个古板的家族企业，其员工多是在采石场工作的重体力劳动者，而其客户也多为教育程度不高且难以打交道的建筑工人和承建商，因此这个目标任重而道远。

那么让我们来思考片刻：何以实现这一宏伟目标呢？多数人会不由自主地想到通过卓越的领导能力。但该集团却并不这么认为，因为乌尔珀特家族一直是个安静多谋的书香世家。答案也并非兴办宣传活动，抑或大举推出客服措施。乌尔珀特兄弟看到了其他公司在这些方面付出的努力，并坚信这些努力难以得到持久的回报。

取而代之的是他们采用了一种激进的新政策——"短款"，即允许实付款少于应付货款，具体说来就是允许客户在应付货款中扣除一些费用以减少应付款项金额。该集团在每张发货单下都附了这样一句话："无论出于何种原因，只要您对货

DATE

DATE

物感到不满都可以拒付相关货款。只需画出相应项，简要写下您的意见，并将发货单复本及其余部分货款的支票一并寄回即可。"

让我来解释一下"短款"这一概念，这不是退款政策，客户也无须打电话投诉。客户有完全的自主权，根据其自身满意度，决定是否付款或者付多少款。

为了正确理解"短款"的本质，让我们想象一下，如果允许我们在飞机着陆后再根据飞行体验（即从出票到下飞机的体验）来付机票钱的场景吧；或者我们来设想一下大学在期末才要求学生交学费，账单上还附着一行声明："在任何一门课程中，如果您对教授的教学表现感到不满，请画出该课程，只支付其余部分的学费即可"；亦或您的手机话费账单上多了这样一句话："如果您对任何一个电话的通话质量感到不满，请指出并将之从话费总额中扣除，支付其余部份即可。"

"短款"政策的实施对花岗岩矿业公司产生了积极深远的影响，它就像是一个预警系统，为不容忽视的产品和服务质量问题提供及时的反馈，敦促负责人坚持对问题追查到底，从而避免"短款"情况再次发生。这仿佛是在提醒员工和客户，花岗岩矿业公司对客户满意度的关切远不止喊喊口号那么简单，而是付诸以极其严格的行动，这一举措使该集团在获得成功的同时更能保持不断的进步。

正如铺天盖地的报道所说，他们取得了巨大的成功。这个仅有610名员工的小公司在这样一个由巨头们控制的大宗商品市场赢得了一席之地，同时有能力收取6%的溢价。花岗岩矿业公司于1992年获得著名的美国国家质量奖，此外，公司的财务业绩也得到显著提升，从原来的利润微薄到如今利润率可与惠普相媲美，税前收入约为10%。毫无疑问，"短款"措施的确是将乌尔珀特兄弟的"BHAG"转化为现实的关键机制。

花岗岩矿业公司的"短款"措施旨在赢得客户100%的满

DATE

意度，每次"短款"现象发生，花岗岩矿业公司都能从中吸取教训，作出改变，使公司运营更为高效。最终该方法取得了显著成效，使这一催化机制成为公司运营良性循环的一部分，在不断学习、进步中收益也不断地增加。

3M的案例

数十年来，3M的领导者们一直梦想着能源源不断地创造出优质新品。为达成这一目的，3M于1956年提出了一个至今仍被津津乐道的催化机制：科学家们可以花15%的时间在他们所选的领域进行发明实验。没有人告诉他们要研制什么产品，一切以自己的喜好为准。随着束缚的解除，一大批高附加值的新产品涌现出来，从家喻户晓的便签纸到相对名气平平的反光车牌，乃至手术中替代人体心脏功能的医用机器等层出不穷。自实施15%规则以来，3M销售及收益的涨幅超过40倍。这一机制不仅使其累计股票收益超过市场36%，还使得3M多次跻身《财富》杂志全球最受瞩目的公司排行榜前十名。

催化机制能够产生连续效应，它与催化事件是有本质区别的。部队里一场激动人心的演讲，一次振奋人心的现场会议，一句萌生幸福感的流行语，一个新倡议，一项战略需求，或一场即将到来的危机，所有这些都是催化事件，或许其中的一些事件是有意义的，但这些事件无法产生如同催化机制那样的持续效应。事实上，一个好的催化机制只要不断地发展，就可以像3M的15%规则一样持续作用数十年。

依赖于催化事件的领导者们不明白为什么在第一波喜悦、振奋或恐惧过后这一势头就此停滞了，为产生持续效果，他们必须转换思路，不再策划一系列催化事件，而是建立一个行之有效的催化机制。

得克萨斯州学校体制改革的案例

数十年来，美国的公共教育改革一直徒劳无益。改革失败的一部分原因是改革方法不正确，更多则是因为有关机构

DATE

DATE

仅倚仗单次偶发事件和盲目的流行字眼来制定政策，而非一套具有持续效应的催化机制。来自科罗拉多州博尔德市的高中教师罗杰·布里格斯在一篇关于教育体制改革的文章中写道："我们每年都会收到一些新指示，但它们从未发挥过什么作用。后来，作为老师我们只好学会忽视它们，置之一笑后继续埋头教我们的书。"

自1995年起，得克萨斯州启用了催化机制，那就是，学校的排名直接影响到资源分配甚至其生死存亡。结果是，这一催化机制持续地推动改革势头不断向前。比如，一个学校原本在40个学校里排名第五，然而他们不思进取、停滞不前，导致排名不断下滑，跌到了35名，此时学校就要面临关门的后果。因为所有学校的排名标准是统一的，而衡量标杆却是不断上升的。

实施这一机制4年以来，得克萨斯州的学生水平得到了整体提高。例如，得州数学考试的通过率由原来的50%提高到了80%，同时，黑人学生和拉美裔学生的通过率也提高了一倍，分别达到64%到72%。

空中楼阁

目前我在为一个大型零售连锁店设定他们的BHAG，尽管该公司当前业绩不俗，但他们不满足现状，希望有更出色的表现。因此，领导层提出了一个野心勃勃的目标：使其品牌的受欢迎度超越可口可乐。

该公司当前面临的挑战就是创建一套催化机制，将这一梦想变为现实。我建议管理层无须在宣传活动上投入大量资金，以免新设定的BHAG盲目指引数以千计的一线员工，而是制定和实施一套具有针对性的催化机制，将自律带入员工的视野范围。毕竟催化机制本身不能成就伟大事业，它需要梦想作为引导。我们虽然无法捕捉梦想的形状，但如果能将一套简单切实的催化机制与这些宏伟梦想相结合，就会得到一个神奇的组合，它令企业成就卓越，精益求精。

梭罗在《瓦尔登湖》的结束语中写道："如果你造了空中楼阁，你的劳苦并不是白费的，楼阁应该造在空中，你要做

DATE

DATE

的只是将地基建到它的下面去。"BHAG是公司最疯狂的梦想，催化机制就是它的基础，需要双管齐下。

（吉姆·柯林斯是斯坦福大学商学院前教授，著有畅销书《从优秀到卓越》，还和杰里·波勒斯合作出版过《基业常青》。本文刊登于2000年2月1日出版的《哈佛商业评论》。）

选自《高科技产业领导者规则》

——埃里克·马特森

1993年1月斯蒂芬·库珀加入Etec系统公司，此时公司的年收益为5600万美元，而月赤字为100万美元。更糟糕的是，公司已经被视为国家经济萧条的象征。Etec总部位于加州的海沃德，在全球喷印设备市场占主导地位，这种昂贵的设备能够通过激光和电子束在硅晶片上喷印复杂图案。正值Etec奋力挣扎之际，它的命运走势一再成为消极的新闻专栏和国会上耸人听闻的演讲的焦点：美国是否将再失去一个战略性产业？

与学者和政客不同，公司的新总裁库珀默默策划了一个雄心勃勃的目标——Etec将从夏天开始盈利，并于2000年实现5亿美元的年收益。为此，他制订计划并打算一步一步地实现这一目标。

DATE

DATE

Etec总裁库珀先生笑着说道："当时大家都认为我疯了，然而每一件大事都是靠切实完成每一件小事而成就起来的。只要你去执行，你将无往不利。当公司树立了明确的目标并且每个员工都知道如何配合去实现整体蓝图时，那么所有人的努力方向都会是一致的。然而不尽如人意的是职场中大多数人都并不明白，'公司对我的要求是什么'以及'如何去实现它'，这就是根本问题。"

四年后，Etec打了个漂亮的翻身仗，并重回硅谷。公司快速成长，同时盈利不菲。去年，公司总收益增长了75%，达到1.5亿美元；而今年计划增长60%，超过2.3亿美元。

Etec的策略核心有两个方面。第一，制订深入的个人表现计划，并承诺执行。Etec的800多名员工都写下了个人表现计划，这个计划指导他们什么时间该做什么。这些计划具有强有力的普遍性和统一性，每个员工都列了五到七个目标，创建了进度跟踪标准，并依据目标的重要性排序。上到CEO下到生产经理，每个人的个人表现计划都必须列在一张纸上。

菲尔·阿诺德作为Etec精密光学部门经理，负责管理海沃德工厂一个40余人的团队。同所有生产经理一样，阿诺德每天花费大量时间解决各种短期危机。然而，在每日近乎疯狂的忙碌中，他始终能梳理出最关键的核心问题。阿诺德的六个具体目标包括，部门产量提高30%，以及生产周期缩短10%。他最重要的目标占据50%的优先级，而最不重要的目标仅占5%。阿诺德下属的六名经理也各有目标，旨在协助部门实现最重要的目标，而这些初级经理所管理的34名车间工人每天也要填写任务完成情况核对表，以确保次级目标的顺利实现。

Etec的第二个原则是每周回顾。如果不去跟踪并改进计划，那么计划将变得一文不值，即便是最好的计划也需要不断被完善。Etec采用了三项标准以确保集中并高效地进行工作回顾：首先，员工的状态报告必须控制在四分钟以内；其次，每个目标都要包含四个要素：目标、状态、问题以及建议；

DATE

最后，通过回顾鼓励大家共同解决问题，而不仅仅停留在汇报上。

菲力·阿诺德的日常工作就是上述"回顾原则"的典型应用，他每周一召集六名下属经理汇报工作，经理们简述目标完成情况并将问题反映给阿诺德。问题的预警有效地控制了危机，并有机会将其解决在萌芽阶段。早在一年前，"工作回顾"尚未开始实施时，Etec的一个供应商在生产某关键零件时遇到了问题，阿诺德并没能及时发现，结果花了几个月的时间应对其带来的后果。而几个月前类似的问题再次发生了，幸亏阿诺德及早发现，使工厂没有重蹈覆辙。他说："工程师将问题提交给经理，经理在周一例会上及时汇报给我，留给我足够的时间从容地解决问题，以免陷于被动。"

每星期二，阿诺德会组织生产管理者和工厂其他同仁开会，每位经理花五分钟时间做进展陈述，提出问题并尽力解决。阿诺德表示："这一日常工作流程可以使你始终着眼于目标的完成情况，确保大家的前行方向一致，像是同时给每个人发出起跑指令。"

"回顾原则"实施后，组织中的每个人都知道自己每周要做些什么，了解各项任务的重要性等级，并把握个人目标与其他同事设定目标的关联性。如此一来，一个庞大的系统很快就得以高速运转起来。库珀表示这是让公司前进的唯一动力，"我们和苛刻的客户一起奋斗在科技前沿。你若想成为科技的领导者，就必须按规定时间执行并完成计划"。

（本文作者为埃里克·马特森，引自《快公司》杂志，Mansueto Ventures Llc. 版权所有。）

DATE

DATE

选自《高效执行的三个关键问题》

——玛丽莎·拉佛尼

执行很少为人们所考虑，相反，战略决策却往往被给予高度评价和极度重视，这是为什么呢？我想主要原因在于后者是充满创造性的，是最有价值的智慧结晶。

然而经验丰富的部门领导都知道，再富有创意和远见的战略规划，只有当其转化为行动后才开始产生意义。可以肯定的是，执行力需要世界级的商业智慧。精准、专注以及从复杂概念中提炼精髓并将其清晰地表达出来，在迭代过程中不断产生新观点的能力——这些都是智慧的体现。

在执行阶段，你必须把对公司战略的广义理解转化为如何付诸实现的具象思维。具体而言，就是要清楚某一任务的某一环节由谁负责，这一任务需何时完成，预计成本是多少，以及对后续活动的影响有多大。以下有三个建议可以帮你理清这一转换过程。

保持聚焦　这似乎已是管理学中无须多提的

基本概念，但如果你花些时间想想如何运用它，那这一概念可以变为很有价值的实践。

一个公司可以同时实践的目标的数量，会因组织结构而有所差异，但"少即是多"是其中共通的哲学，聚焦于少数几个极为关键的目标。

就如同做菜时少放酱料可使味道更纯粹一样，精炼出你的策略要点可以帮助员工加深理解。与其单向沟通，不如花半天或一天时间亲临车间现场去指导工作，"CEO制订计划后，她便和员工一起，分析各部门具体实施的步骤和优先级。这种手把手的部署方式有效地清除了计划中的灰色地带"。

"当我们问员工，未来12到24个月的优先任务这一基本问题时，得到的答案千差万别，这也就意味着大家并不了解公司的战略方针。"本该简单明了的战略决策，由于经理们一直在个别问题上绕弯子，使得会议很快变得效率低下，计划的推进也随之举步维艰。

DATE

📑

DATE

建立跟踪机制，彻底解决问题　多数公司通过追踪指标来验证战略规划中的假定性问题。为了解决实施中的障碍，他们会使用不同的解决问题的方法。有时经理们会不断追根寻源地去问"为什么"，有时会通过跟踪进程来掌握行为动因，而有时则需要直接衡量最终结果。UPS有两级衡量标准：价值驱动和每日监督。这使他们明确其战略与日常工作是相关的。

"一个缺乏执行力的公司，通常无法将各种机制落于实处。与其相反，一个充满执行力的公司，面对实际问题时则完全不同。"这取决于公司或部门管理者们在得到业务统计数据后，能否进行推心置腹的沟通。

建立规范的复查机制　如果无法对一个计划进行常态化核查，则其执行成功的概率几乎为零。明晰你的会议计划是十分必要的，通常需要确定多久开一次会以及会议流程是什么。"公司管理层每周开一次例会，会议上严格审视我们的年度目标和差异，从而制订和修正我们的计划、执行、检查和行动（即Plan/Do/Check/Action）。"

有的公司每月至少开两次例会，汇报工作进度。

也有公司使用"季度行动手册"，列出主要目标、关键行动、资源和日期等。"如果你对重要的举措、影响深远的关键标准以及各环节的主要联系人都有清晰的蓝图，那你就能对整体进程有更好的认知。"

集中精力保持思路清晰，让员工倾注更多的注意力在具体问题上，坚持到底，这样一来将得到截然不同的结果。

（玛丽莎·拉佛尼，美国麻省理工学院斯隆商学院讲师。选自《哈佛管理时讯》，哈佛商学院出版社，再版号U0302A，2003。）

DATE

DATE

选自《在公司卧底的日子》

—— 罗德尼·罗思曼

（下文节选自一篇自传。作者称下文是事实与虚构相结合，但这篇文章是如此贴合生活，我们在此引作例证，说明自由散漫、缺乏执行力的公司是怎样的。）

我在这里没有工作，更没有头衔，我只是几星期前默默走进了这个办公室。

当我进入公司时，没有人阻止我，充斥着虚幻的感觉。数百名员工在各自的工作岗位上忙碌着，一群25岁左右的年轻人身着T恤和迷彩短裤在电脑和咖啡机之间两点一线移动着，四处散落着很多空办公桌，我不禁吃惊：随便什么人都可以在这间办公室轻易找个空座位忙自己的事儿，也不会有任何人注意到他的存在。

第一天，上午10:30。我在上午早些时候花了些时间炮制了一个假身份，假装我是从该公司的芝加哥分公司调来的（我预先在网上做了些功课），然后我给自己选了个假头衔。我越想越觉得我像"初级项目经理",听上去既时尚,又不太高调,不易被察觉。

我和满满一电梯的人一起到了办公层,这里到处都是座位,年轻的前台在我前面讲着电话。我竭力装作心不在焉,好像在脑子里盘算如何对一个项目做初级管理。我发现她盯着我,但她的表情并无异常。

我不知道该去哪儿,于是随着人群到了拥挤的茶水间,这里有个公用冰箱,里面存放着数十种软饮,我选了不含钠的苏打水,我以前从不喝这东西。而其他人多半过来取一杯咖啡,然后径直离开。

我在办公室里闲逛,发现每个人都在讲电话,这时我看到一个40多岁的男人将脚架在桌子上。没人看我第二眼,转了几圈之后,我觉得算是努力工作了一天,可以下班了,走出去时我和前台打了声招呼:"明天见。"

第二天,上午10:40。走到茶水间,我又拿了一罐口味不

DATE

佳的无钠苏打水，这已经成为我日常工作的一部分。我发现公告板上贴着一张签名表："压力大吗？欢迎加入我们的午休瑜伽。"

这实在是让人难以抗拒，于是我签了个假名字——迈克·克雷默。签好后，我发现有个人站在我后面，她边向公告板张望边跟我说："其实你不用签名上去，因为好像只有我们四个人会去。"

我转过身，发现即便在明晃晃的荧光灯下，她也显得非常清秀动人。她问我："你是新来的吗？"

我回答："我已经来了一个星期了，是从芝加哥分公司调来的初级项目经理。"她说："真的啊？我是项目经理，你是做什么项目的？"

我突然发现，我之前应该做更多准备的，至少应该知道这家公司是做什么的。

我只好回答："我还在为芝加哥的工作做收尾交接。"

第三天，我急需在这份炮制的工作里给自己放一天假，整个下午我都在和我的朋友杰伊看棒球比赛。昨天我查了各种网站，尽可能扩充对于这家公司的了解，我还潜心研究了品牌、决策支持以及电子解决方案等知识体系。现在当我看着马丁尼兹挥棒练习的转播画面时，满脑子想的都是他的击球技巧。我们是战友，我们是兄弟，我们正在共同提高我们的技能。

第四天，晚上7:00。我和一位穿着厚重羊毛制服的保安一起搭乘电梯上楼，感觉他好像准备把我打翻在地。当我想起来办公室6点关门时已经太晚了，不过没关系，那个保安已经刷了卡并为我开了门。

我总是很喜欢办公室的闲暇时光，如清晨和傍晚。在一个整天充满疯狂的地方，能享受一段自由而平静的时光是一件何其放松的事。我常想，夜间保洁工就好像淌过平原的溪流一般，它将办公室洗刷得整洁又静谧。我在桌前踱来踱去，从桌子上跳上跳下，在每个座位上坐坐，调换各种坐姿直到最舒适的状态。最后我在一个有30个席位的房间末端找到了

DATE

一个座位，这里位置绝佳，面对整间办公室，并且后面没有人。我把脚放在桌子上闭上双眼，想象着平原中的溪流。

第五天，上午10：00。今天上午茶水间没有苏打水，这是个不乐观的预兆。看来我得做点儿什么，于是我坐在了新的位子上，前面就是办公室的全体员工。

当我充满目的性地穿过人群和桌椅，竟没有人抬头看我一眼。走到座位边坐下，发出一声深深的叹息，我扫视整间房间，发现人们不是在敲键盘，就是在讲电话，两个20多岁的女人挤在一起边吃早餐边聊着：

"如果每天在一个地方工作六小时，在另一个地方工作三小时会怎样？我不知道啊，他们只是告诉我要这么做。"

不管这个"他们"指的是谁，至少我都从未见过。没有人告诉我，这办公室就这样默默地吞噬了我。

第五天，中午。电话响了，此时想象充斥着我的头脑：一个保安大队正向楼上挺进……我接起电话，说道："你好，我是兰迪。"

"兰迪你好，我是唐娜。"

我正准备拿起一根橡皮筋用以自卫，电话那边接着说："我打来只是想确认一下你的分机号。"

"是的，我是。"

"确实是你就好，如果有什么需要，请随时跟我说。"

"好的。"

第五天，下午6：00。今天我严格遵照"潜伏"的既定行程，每3分钟便若有所思地望向远方；每5分钟就夸张地撑大眼睛或下巴，要么用手指轻点上唇装出一副思考状；每10分钟就随便跟谁来一次眼神交流，仿佛颇有默契地点点头；每15分钟便大吸一口气然后慢慢呼出，发出轻微的呼呼声。

我每半个小时休息一下喝杯饮料，这样一来每个小时就得去趟洗手间，建立一套与其他同事相似的习惯对于融入这个群体是至关重要的。

DATE

DATE

我每两小时会在茶水间和大家简短地寒暄一下，但很多时候我会由于紧张避开这一流程，毕竟这小小的寒暄也是需要做大量战略性努力的。这当中每句话都是有预谋的，一段经过周密策划的聊天，基本是如下这样的内容：

我："这咖啡机够疯狂的啊！"

茶水间的另一个女人接茬说："哈哈，我了解。"

每天在公司待八个小时，已经感觉这儿像家一样了。

第六天，下午2：00。当你和20多个人挤在一间办公室里，讲电话是件很麻烦的事儿，因为你说的每一句话都会被听见甚至推敲。坐在你旁边的人不费多少脑细胞就可以猜出电话另一边讲的是什么，所以你要学会在话语间尽可能多地加入代词，例如"我明白……她说过？……在和他们做那个事之前请把它先发给我"。或者你也可以想象对方就坐在你边上一样低声说话……甚至可以有意说得意义不明，例如，"我们是新闻传播媒介，是门户网站，是B2B平台！让我们采购

U. P. I。"

其实，我的多数电话都是私人电话。我倒是觉得理所当然，因为我相信如果我不花上半天时间给家人或者朋友打电话，一定会引起周遭同事的怀疑。而我最钟爱的莫过于接打一些与这份卧底工作有关的电话，我会预先安排好让几个朋友给我打电话，尽管这个电话毫无意义，但这么做却可以让我看上去很忙碌。

"你好，我是兰迪。"

"兰迪你好，我是库尔特，来自logidigitekresources.com.org。"

"库尔特，你好，这个链接上不去啊，我想我们得再确认一下网址。"

"兰迪，我还说了技术上的事儿？"

"哈哈，好主意，那我和客服人员再确认一下。"

"这和我说的有关系吗？"

DATE

DATE

"太好了，那请抄送给我，拜拜。"

第八天，上午10：00。我和一个看上去40多岁的人搭乘同一部电梯上楼，他到5层，我去12层。

他说："早上好。"我回答："早上好。"

为融入这一气氛，我补充道："今天还挺热的。"这是个不错的开场白，他回应我说："你在12层工作？"

"是的。"

"你们上面都具体做什么？"

"呃……其实这我也不是很清楚。"

他深表理解地点点头，他曾经在那里工作过，他在5层下了电梯。

"工作愉快！"他回过头来冲我大声说。

第十一天，中午，我吃过午餐回来发现至少有30个人在大会议室里开会，为什么我不在公司管理系统里面？

我对这工作满肚子怨气，于是在笔记本上画了一张毫无疑义的流程图，贴了个"喜达屋项目"的标签，把它放在桌上，以增加我管理的可信度。我编了各种缩写，框出来再用箭头把它们连起来。

第十二天，下午4:45。我开始试图和同事聊天，聊一些发牢骚的话题。这时我看见劳拉，劳拉是个30多岁的和善的女人，这一周都坐在我旁边，我却从未和她说过一句话。见她的手腕受伤了，于是我问她："你的手怎么了啊？"她没有正面回答我的问题，而是给我讲了关于她的一次医疗事故。

"你是谁？"

"我叫兰迪·布夫曼。"

"那你是做什么的？"

"各种杂事。"最近当我被问及这个问题时，我严重依赖这个词，因为我发现它可以有效地混淆视听，"我是从芝加哥分公司调过来的，负责一大堆东西，项目管理啊、品牌推广等。"

"品牌推广，真的吗？"劳拉兴致盎然地将健康的那只胳膊靠在了桌子上，说道，"我负责市场和招聘这一块，你介不

DATE

介意我向你请教请教啊？"

一周前，或许我还挺惧怕这个问题，但现在却觉得饶有兴致。我开始说服自己，自己确实是以此为生的，并且工作内容的一部分就是向别人介绍品牌推广的各项细节。劳拉的问话里满是各种行话："我准备以B2B、电子商务、改善用户体验和成功因素的方式投放市场，你在芝加哥那边认识做品牌推广的专业人士可以帮帮忙吗？感激不尽啊。"

"其实你不会想要和他们合作的，"我故弄玄虚地跟她说，"他们其实不是那么好相处。"

劳拉眉头紧锁，露出一副失望的表情，"那好吧，或许你能想起一些人？你给我几分钟时间好吗？"

"现在恐怕不行，"我回答说，"我五点有个会，应该过一会儿才回来，你什么时候下班？"

"六点。"

我暗暗决定六点半再回来，"帮我想想有没有合适的人，"当我走开时，劳拉在我后面大声说，"可以帮我建立人脉网。"

　　第十三天，下午5:00。距离我和劳拉的对话已经过去一天了，我还没有看到她，但我并不讶异。人们出现又消失，换位子或换工作。今天办公室领导里克走来走去询问劳伦斯的去向，别人告诉他劳伦斯被调去一个新部门了。那可是办公室的大领导，你想知道我是如何在这边混了两个星期的吗？

　　第十三天，晚上8:00。如果说在一份假工作里扮演一个工作狂是可行的，我想我已经是了。在这个办公室里，尽管我无所事事却感觉自己成就不菲。

　　第十四天，下午2:00。我为了感觉良好，开始为自己安排会议。在这一整天里，朋友们三五一组来到公司协助我的工作。有时候我在办公桌前开会，一览整间办公室。我喜欢这么做，因为这样可以给人那种我拥有自己团队的印象。有时我们就简单聊几句，例如"很高兴见到你"。

　　不过大多数时候我们在玻璃会议室里见面，我们关上门

DATE

DATE

闲话家常。为了保证真实性，我在房间里踱来踱去，并不时做出些夸张的表情，这种会议模式是从戏剧中得来的灵感。突然，一个女人打断了我们的会议。

原来我们并不是在用一间空的会议室，而是闯进了这个女人的办公室，我发誓你并不知道这当中有什么差别。

第十七天，晚上7:45。我早上踏入办公室时已预感到，这是我在这儿卧底的最后一天。公司贴出了一张新的联络簿，许多人名已经不在了，而我的名字兰迪·罗斯曼和我的分机号码赫然列在其中。我小口抿着无钠苏打水走过一张一张办公桌，告诉同事们："我要回分公司了。"这其中很多人并没有见过我或者有过任何交集，但他们还是表现得十分友善。

"很高兴和你一起工作。"一位留着棕色长发的女孩儿对我说。

等所有人都下班之后，我开始打包自己的东西，享受这最后一刻的宁静。我驻足在一块画着"闭循环流程图"的白板前，写下了我名字的缩

写"R. M. R"，给它画个框又画了个箭头指向它。虽然离开
了，但我将继续在这个办公室以缩写的形式存在着。

（引用已获罗德尼·罗斯曼许可，原文刊登在《纽约客》上。）

DATE

DATE

选自《孙子兵法》

—— 孙武

激水之疾，至于漂石者，势也；鸷鸟之疾，至于毁折者，节也。故善战者，其势险，其节短。势如扩弩，节如发机。

纷纷纭纭，斗乱而不可乱；浑浑沌沌，形圆而不可败。乱生于治，怯生于勇，弱生于强。治乱，数也；勇怯，势也；强弱，形也。

故善动敌者，形之，敌必从之；予之，敌必取之。以利动之，以卒待之。

故善战者，求之于势，不责于人，故能择人而任势。任势者，其战人也，如转木石。木石之性，安则静，危则动，方则止，圆则行。故善战人之势，如转圆石于千仞之山者，势也。

选自《伊索寓言》

男孩与榛子

一个瓶子里，装了很多可口的榛子。一个男孩走过来，伸手到瓶里抓了一大把。可是，瓶口太窄，手却抽不出来。眼看手被卡在瓶里，又不想放弃已得的宝贝，男孩急得哭了起来，连连抱怨运气不好。

不要妄想一口吃个胖子。

母狮子

一场大比拼在所有野兽中展开了，看看谁的家族最大。众野兽来到母狮子跟前，问道："你一胎能生几个？""一个，"狮子凶横地说，"但那是一头狮子。"

质量重于数量。

DATE

乌鸦喝水

一只乌鸦口渴了，到处找水喝。乌鸦看见一个瓶子，瓶子里有水。可是瓶子里水不多，瓶口又小，乌鸦喝不着水。

乌鸦看见旁边有许多小石子，想出办法来了。

乌鸦把小石子一个一个地放进瓶子里，瓶子里的水渐渐升高，乌鸦就喝到水，得救了。

从一件小事做起总会实现目标。

吹箫的渔夫

有一个会吹箫的渔夫，带着他心爱的箫和渔网来到了海边。他先站在一块突出的岩石上，吹起箫来，心想鱼听到这美妙音乐就会自己跳到他面前来的。他聚精会神地吹了好久，毫无结果。他只好将箫放下，拿起网来，向水里撒去，结果捕到了许多的鱼。

行动的意义大于希望。

选自《目标分析》

——罗伯特·F. 马杰

要搞清楚目标究竟是什么，就不能降低目标的重要性及深刻性。

单纯从字面上去诠释"目标"可能会得到琐碎的注解，而把它写下来的这个动作则意味着将一个曾经的秘密跃然于纸上，以供检验和改进。

一家大型石油公司邀请我帮他们改善培训项目，该公司的经理表示："我希望码头工人们能够对防止漏油一事有正确的态度。我们遭到了很多有关原油泄漏的指责，所以我们希望确保相关操作人员对这方面有良好的防范意识。"

显然，他们的目标是"树立正确的防止漏油的作业意识"，而经理希望通过"培训"的方式来实现这一目标。

直到你搞清楚应该采取何种行动，其他所有的尝试都是

DATE

无效的。于是，我们展开讨论，以便弄清他们具体希望相关操作人员做什么。一段时间后，经理表示："好吧，我不在乎他们的安全意识会发生什么变化，我只想要他们遵守操作说明。"

"你的意思是，"我急切地询问着具体细节，"只要他们遵守操作流程，你就愿意承认他们对防止油品泄漏有着正确的态度？"

"我并不在乎他们的态度，"他很肯定地说，"我只希望他们遵守操作流程。"

这就是我们想要的。开始的时候，该公司说要"树立正确的防止漏油的作业意识"，最后却归结为一句话——"遵守操作流程"。由于所有的操作流程都已经落实到了纸头上，所以告知操作员们什么符合流程而什么不符合流程也变得轻而易举。

有时，我们花很多功夫来描述目标的意义，而有时一句话就足够了。

（本文选自《目标分析：如何将目标清晰化并实现它》，第三版。）

选自《将伟大的战略转化为伟大的业绩》

——迈克尔·C.曼金斯和理查德·斯蒂尔

尽管大多数公司都会耗费大量的时间和精力做战略开发，但有些公司的表现却差强人意。我们的研究表明，在众公司中，平均只有63%的财务资源被用于战略推进，更糟糕的是，最高管理层对于战略与业绩间的鸿沟视而不见。

调查结果凸显了如下一系列问题：即使战略规划的目标十分明确，一旦缺乏沟通，往往会陷入战略决策无法转化为具体行动的窘境。组织结构中的低阶管理者不知道需要做些什么或何时去做，抑或应该使用哪些资源实现高阶管理者所期待的业绩，这些因素导致了目标落空。而这当中的另一个原因是无人对糟糕的业绩负责，业绩欠佳的情况通常在几年里不断恶性循环。

战略与业绩间的鸿沟甚至会将业绩不佳的消极态度带入

公司文化。在许多公司里，受公司文化潜移默化的影响，低下的执行力不但得不到改善，反而被强化甚至放大。首先，不切实际的计划会给整个组织营造某种期待，然而，计划却没有实现。长此以往，当这种期待变为经验，就形成了一个想当然的假设，即业绩承诺永远不会实现。因此，很多承诺在尚未形成约束力的阶段，就受到现实的影响而悄然终止了。早在经理们为兑现承诺大展拳脚前，他们就开始设想失败，并从最终结果中寻求自我保护了。公司越是缺乏自我批判力，那它对自身缺点也就越是讳莫如深，而最终结果是公司将失去竞争力。

填平战略与业绩间的鸿沟

简单具体的目标　为确保计划与执行在起始阶段就按照正确的方向运行，优秀的公司通常会避免描画冗长又不切实际的目标，相反他们坚持用简练的语言来描述具体做法。

清楚地定位优先级　若想取得战略上的成功，经理们必须做上千个战术上的决策并将其付诸行动，但并不是每个战术性决策都同等重要。大多数情况下，个别关键步骤是必须加以重视的，需要在恰当的时机、通过合适的方法去完成，从而实现预期业绩。一流企业会精确地列出优先级，从而使每个负责人都清楚地知道自己努力的方向。每个人都需要了解，"如果老板只给我一小时去完成工作，我该优先做什么"。

时刻关注业绩　业绩出色的公司会对业务动态做实时跟踪，从而快速发现错误，及时纠正。他们会根据计划，紧盯资源分配模式和结果，依据源源不断的反馈信息来重置计划和资源分配，这些实时信息帮助管理层在制订计划和实施计划的过程中不断发现并改正问题。一个成功案例显示，每周召开进度跟踪例会可以"迫使每个人都将注意力放在执行细节上"，并且"让整个组织了解我们的表现如何"，同时跟踪资源配置，将配置结果作为标准，衡量计划是否得以有效的执行。上述一连串的管理模式，可以让管理层不必苦等季度

DATE

业绩报告，就能每周对计划进行修正。

最后，浅谈一下超预期业绩给企业文化带来的影响。投资者们开始相信管理者的大胆尝试和盈利能力，相信管理者可以保障公司股票的持续收益，而这些收益将被持续投资于绩效创新。假以时日，该公司的声誉就能得到进一步提高，形成一个良性循环：人才产生业绩，业绩赢得收益，收益吸引更多人才。填平战略与业绩间的鸿沟不仅能带来立竿见影的绩效收益，同时还具有持续影响企业文化的功效，它也是公司进行战略规划、提升竞争力等一系列经营变革的重要驱动力。

（曼金斯和斯蒂尔是国际商业战略规划咨询师。本文选自《哈佛商业评论》，2005年7月至8月版。）

高效执行者必读的商业书籍

《孙子兵法》，孙武（著）。

Art of War，Sun-Tzu.

《连胜的艺术》，罗莎贝斯·莫斯·坎特（著），中信出版社。

Confidence: How Winning Streaks and Losing Streaks Begin and End，Rosabeth Moss Kanter.

《高效能人士的第八个习惯：从效能迈向卓越》，史蒂芬·柯维（著），中国青年出版社。

The 8th Habit: From Effectiveness to Greatness，Stephen R. Covey.

《80/20法则》，理查德·科克（著），中信出版社。

DATE

DATE

The 80/20 Principle: The Secret to Success by Achieving More With Less, Richard Koch.

《执行：如何完成任务的学问》，拉里·博西迪、拉姆·查兰（著），机械工业出版社。

Execution: The Discipline of Getting Things Done, Larry Bossidy and Ram Charan.

《从优秀到卓越》，吉姆·科林斯（著），中信出版社。

Good to Great: Why Some Companies Make the Leap and Others Don't, Jim Collins.

《工作最怕光说不练》，杰弗里·普费弗、罗伯特·I.萨顿（著），机械工业出版社。

The Knowing-Doing Gap: How Smart Companies Turn Knowledge Into Action, Jeffrey Pfeffer and Robert I. Sutton.

《领导：纽约市长朱利安尼自述》，朱利安尼

（著），译林出版社。

Leadership，Rudolph Giuliani.

《让策略生效：引领高效执行及变革》（直译名）。

Making Strategy Work: Leading Effective Execution and Change，Lawrence G. Hrebiniak.

《点球成金》，迈克尔·刘易斯（著），法律出版社。

Moneyball: The Art of Winning an Unfair Game，Michael Lewis.

《回归核心：持续增长的战略》，克里斯·祖克、詹姆斯·艾伦（著），中信出版社。

Profit From the Core: Growth Strategy in an Era of Turbulence，Chris Zook，James Allen.

DATE

《简单的力量》，杰克·特劳特、史蒂夫·里夫金（著），机械工业出版社。

The Power of Simplicity，Jack Trout，Steve Rivkin.

《4+2神奇配方：绝对管用的经营法则》，威廉·乔伊斯、尼丁·诺瑞亚、布鲁斯·罗伯森（著）。

What Really Works: The 4+2 Formula for Sustained Business Success，William Joyce，Nitin Nohria，Bruce Roberson.

《谁说大象不能跳舞?》，郭士纳（著），中信出版社。

Who Says Elephants Can't Dance? Inside IBM's Historic Turnaround，Louis V. Gerstner, Jr..

《赢》，杰克·韦尔奇、苏茜·韦尔奇（著），中信出版社。

Winning，Jack Welch，Suzy Welch.

DATE

Chapter 5

||||||||||Essential Quotations

第五章

高效执行者的精华语录

以下内容是关于高效执行的经典
见解，请参阅、熟记并将其融入
您的行动。

制订一个好计划，大胆去执行，从今天开始。

——斯卡迪诺爵士

组织为什么会失败？原因无非在于糟糕的执行力，简而言之就是：不做事，不决定，不履约。

——拉姆·查兰

一个没有执行力的组织机构将无法服务于其成员。

——杰克·韦尔奇

目标定义团队。

——吉姆·斯图亚特

你必须清楚自己要做的最高优先级的事情是什么，随后你就可以微笑着对其他事情从容地说"不"。你只需遵循这一原则，坚定地去做，并在心里为自己烙上一个大大的"yes"。

——史蒂芬·柯维

彼得·德鲁克的"一心不可二用"原则是对我影响最深的概念之一，他嘲讽那些认为自己可以一心多用的所谓"执行者们"。

——惠特·斯蒂尔曼

能够立足于世的人通常是那些为自己积极寻找理想环境的人，如果找不到，他们就会去创造它。

——乔治·萧伯纳

DATE

如果没有明确的目标，我们就会莫名其妙地为每天的琐事而疲于奔命。

——佚名

对毫无计划的人来说，最大的"褒奖"就是突兀而至的失败，免于让其亲历忧虑与沮丧之过程。

——哈维钟斯爵士

"坚持到底"是执行的基石，每个善于执行的领导者都笃信"坚持到底"，这可以确保人们都在依据承诺做事。

——拉里·博西迪

如果缺乏明确的衡量标准，那同一个目标对于一百个人可能就会有一百种不同的理解。

——吉姆·斯图亚特

DATE

欲为目标而前行，则切实之念想加以不懈之毅力，必将无往而不利。

——亨利·弗雷德里克·亚弥爱尔

将你所有的精力汇聚于手头的工作上吧，阳光唯有聚焦后方可点燃柴薪。

——亚历山大·格雷厄姆·贝尔

欲推动生活向前的人，莫不如将你所有的气力放到有限的目标上去。

——尼度·库比恩

大多数人不能实现目标的原因无非是他们没能清晰地定义目标。成功人士往往可以明白地告诉你他们的目标是什么，

DATE

他们计划如何实现目标以及和谁一起实现。

——丹尼斯·维特利

一个坚定不疑的"不"远远胜过一个只为取悦或避免麻烦而说出的"好吧"。

——甘地

所有公司都有目标，但是，差别在于是仅仅树立一个目标，还是将目标视为一座高山，以坚定的意志接受挑战，征服艰险。这样一个目标——宏伟、大胆的目标，是充满激励性的，是众人为之努力的焦点。

——吉姆·柯林斯

DATE

二流策略付诸以一流执行，远胜过一流策略配以二流执行。

——凯瑟琳·尼尔森

你衡量的就是你所得到的。

——拉里·博西迪

聪明的头脑有目标，而平庸的头脑只有愿望。

——华盛顿·欧文

琐碎的事情会耗费更多时间，因为和重要的事情相比我们更了解它们。

——施泰纳

DATE

伟人的标志是紧盯重要的事，忽略无伤大雅的琐事。

——多丽丝·莱辛

面对一个艰难的决定，摇摆不定会令公司陷入逆境无法自拔，最终为危机所困，而秘诀就是面对它，解决它：游戏的胜败取决于长期坚持，不懈地执行计划，即便计划本身并不完美。

——布鲁斯·A.帕斯特纳克和詹姆斯·奥图尔

我知道我们可以做任何事，但不能做每件事，至少不能在同一时间。所以想清楚事情的优先级，并不是指你要做什么，而是你打算什么时候去做。

——丹·米尔曼

DATE

策略只是让你停留在竞技场上，而执行才是实打实。

——高登·优班克

通常一个大胆的方案宣布之后更容易夭折。我的员工都知道，如果我周一早会上提出一个有待解决的问题，周二就要求负责人提出相关计划，同时迫切想要知道周三之前这个计划实施得如何。

——鲁道夫·W.朱利安尼

数据越细致，员工越负责。

——赖克哈尔德

我在SAS的第一天就做了30分钟关于公司目标的演讲，这个演讲我做了一遍又一遍，每个员工都至少听了三遍。人们

DATE

甚至开始在背后逐字逐句地重复我的话，我担心人们会陷入无聊的服从，但令我震惊的是，这个方法成功了，人们清楚地了解目标并且能够陈述出来。

——简·卡尔森

复杂不代表智慧，令人敬佩的应是避繁就简的能力。

——杰克·特劳特

你必须清楚你站在哪儿，想往何处去，否则将毫无意义，数字将助你理清头绪。

——苏比尔·乔杜里

如果你一直做自己熟悉的事情，那么你得到的会大不如前，你面对的竞争会越来越激烈而你会越来越孱弱。

——吉姆·斯图尔特

DATE

目标不可华而不实，亦不可好高骛远，你的方向必须明确。即便你深夜突然摇醒你的员工问他："你的目标是什么？"他仍然可以在睡眼惺忪中给出答案。

——杰克·韦尔奇

高效领导者都会检查他们的业绩表现，他们写下这样一句话："如果决定这样的工作部署，我想得到的是什么？"随后回来根据目标检查业绩表现。如此一来，他可以发现是否在做真正重要的事情。我见过很多人在执行力方面异常出色，而在认清重点方面却差得可怜。他们华而不实地选择了鸡肋，在琐事上创造出令人瞩目的成就。

——彼得·德鲁克

DATE

Chapter 6

Essential Tools

第六章
高效执行者的必备工具

这一章提供了"高效执行4原则"
必备的工具，帮助你和你的团队
从优秀迈向卓越。

重要性筛选工具

目的与用途

重要性筛选工具能帮助你找到至关重要目标。

有时，你的至关重要目标是现成的，比如，固定的市场份额。然而，有时候你和你的团队可能并不明确最高优先级的事情是什么，重要性筛选工具能帮你明确目标。

你可能有很多备选的目标，利用下文的四个指标来衡量这些目标，决定至关重要的那一个。这四个指标是一个组织真正强大起来的必备因素：

1. 在很长一段时间内，保持优秀的财务状况及运营表现；

2. 产生高质量的客户忠诚度；

3. 为员工创造积极向上的公司文化；

4. 对公司或社会有独特且卓越的贡献。

使用方法

1. 在表格中填写你或团队的备选至关重要目标。

2. 依据每个指标，分别为备选目标打分，分数从－1分到

4分的意义为：

4 = 高度的正面影响

0 = 没有影响

−1 = 负面影响

3. 将分数相加。

4. 做一个"勇气检查"，问自己和团队："我们有没有直面现实，有没有逃避困难？"做完后，在至关重要目标旁边的"勇气检查"处打一个钩。

DATE

重要性筛选工具

步骤	财务状况及运营表现	客户忠诚度	积极向上的文化	独特的贡献	总分	勇气检查
1. 填写备选至关重要目标 依据每个指标，分别为备选目标打分，分数从-1分到4分 2. 将分数相加 3. 做一个"勇气检查"	・增加收入 ・节省开支 ・增加现金流入 ・提高服务水平及质量 ・改善核心流程 ・减少运营时间 ・增加市场份额	・增加客户推荐的数量 ・精确地满足客户需求 ・改善整体的客户体验 ・增加回头客	・点燃员工工作激情 ・吸引或留住内顶级人才 ・提升员工知识、技能和能力 ・提升对公司的忠诚度和信任度	・对实现公司的愿景有所帮助 ・提升品牌形象 ・有助于与竞争对手区分 ・对社会和社区有益 ・鼓励创新		
备选至关重要目标	分数	分数	分数	分数		
加快库存周转率	-1 0 1 ②3 4	-1 0 ①2 3 4	-1 0 1 ②3 4	-①0 1 2 3 4	6	√
减少新产品的上市流程	-1 0 1 2 3 ④	-1 0 1 2 ③4	-1 0 1 2 ③4	-1 0 ①2 3 4	12	
聚焦核心产品的销售	-1 0 1 2 ③4	-1 0 ①2 3 4	-1 0 1 2 3 ④	-1 0 ①2 3 4	11	
还清公司债务	-1 0 1 ②3 4	-1 0 ①2 3 4	-1 0 ①2 3 4	-1 0 ①2 3 4	5	
改进供应链环节	-1 0 1 ②3 4	-1 0 1 2 ③4	-1 0 1 2 ③4	-1 0 1 ②3 4	12	
提升客户忠诚度	-1 0 1 ②3 4	-1 0 1 2 ③4	-1 0 1 2 ③4	-1 0 1 ②3 4	12	

滞后性指标创建器

目的与用途

滞后性指标创建器是助你完成至关重要目标的得力工具。有时候滞后性指标显而易见，比如，销售团队的销售额。然而，有时候滞后性指标很难衡量，比如客户满意度指标或质量指标。

就像至关重要目标所有的衡量指标一样，滞后性指标应该是这样表达的："在某截止日期之前，从情况X发展到情况Y。"

使用方法

1. 把备选滞后性指标分解为：现状（情况X）、目标（情况Y）和截止日期。

2. 按照备选指标的实际情况，回答表中的问题，以"是""否"以及"？"作为回答。

3. 按照优先级为备选指标排序。

滞后性指标创建器

至关重要目标
改善库存状况

现状（情况X）	目标（情况Y）	截止日期	你能影响或掌控吗？	是否有意图性困难？	准确吗？前后一致？	能衡量吗？是否准确	重要性排行
1. 准确率95%	准确率98%	6月31日	是	是	是	是	2
2. 库存周转率8/年	库存周转率10/年	6月31日	是	是	？	是	1
3. 投资回报率12%	投资回报率30%	6月31日	是	否	是	是	3
4.							

你最终选择的滞后性指标是：
通过在6月31日之前，将每年的库存周转率从8提高到10来改善库存状况。

DATE

80/20活动分析工具

目的与用途

80/20活动分析工具能够帮你找出哪些活动最能影响至关重要目标的达成。

这个工具可以让你：

• 发现达成目标的障碍；

• 找出"他山之石"——最优秀员工的做法的不同之处；

• 寻找"明智又有创意"的活动——我们之前从未做过但很有效的事情。

使用方法

1. 将至关重要目标填入表中正确位置；

2. 进行头脑风暴，回答下面的三个问题；

3. 找出能够克服障碍或达成目标的关键活动，一到三个为佳。

80/20活动分析工具

至关重要目标

通过提升顾客的购物体验，使今年的销售额比去年同期上涨5%。

障碍	他山之石	明智&创意
阻止我们达成至关重要目标的事情有哪些？	最优秀的员工有何不同之处？	我们之前从未做过但很有效的事情有哪些？
缺货。	减少收银处排队的顾客，最多两位。	在晚5点到7点站在门口欢迎顾客，并帮他们找需要的东西。
停车场里散乱的购物车。	及时补货，不早也不晚。	开通"即停即走"服务，顾客电话通知要买的东西，为其顾客先准备好，顾客到店即可拿走。
促销商品摆放不规律。		为顾客提供"熟客积分"，积分可兑换店内商品。
卫生间打扫不及时。		

DATE

引领性指标创建器

目的与用途

当你真正按照引领性指标去做的时候，至关重要目标的实现才成为可能，引领性指标创建器就要帮你找到这个指标。从概念上来说，引领性指标必须有预见性和可控性。

使用方法

1. 将你用"80/20活动分析工具"发现的重要活动，或者任何你认为重要的活动填入"备选活动"那一列。

2. 问自己，"我们怎样量化这个活动"？然后为每个活动指定一个"备选引领性指标"。

3. 根据表格中的问题给每个备选活动打分，在问题下面写下"是""否"及"？"。

4. 根据结果为备选指标排名。

注意：要集思广益，不要只局限于自己想到的几个活动上，确保你的引领性指标真正有预见性、有可控性。

引领性指标创建器

至关重要目标
通过将每笔交易的卖无从1.7提高到2.1来赶超上一年度的收入。

备选活动	备选指标	可控吗？	可预测吗？	能被追踪到吗？	排名
1. 邀请加入会员	每个销售顾问发出的邀请的数量	是	是	?	2
2. 建议销售	向每个客户至少推荐4双鞋	是	是	是	1
3. 写感谢卡片给客户	在48小时内，向每一位客户寄手写客户的感谢卡片	否	是	是	4
4. 预售电邮表件	新产品销售前，每个客户至少收到2封电邮	?	是	是	3

如果你能选择1个、2个或者3个指标，你会选哪个？

引领性指标1：在本周之前，向每个客户至少推荐4双鞋。

引领性指标2：向所有有没有积分卡的顾客推荐积分卡。

引领性指标3：新产品销售前，向每个客户发送2封电邮。

至关重要目标流程图

目的与用途

至关重要目标流程图从左到右地展示了一个高级别的至关重要目标是怎样分解为下级团队的至关重要目标以及引领性指标。你是从左到右填写这个表格的，但要从右到左实施这个表格。这里的道理很简单：要达成至关重要目标，你并不是聚焦于目标，而是聚焦于引领性指标。

至关重要目标流程图帮助你和团队看清团队目标和高层目标之间的关系。将此表张贴在每个人都能看到的地方。

使用方法

如右图所示，将团队的至关重要目标和指标填入表格。

DATE

至关重要目标和
滞后性指标

（销售团队）

今年实现2百万的收
入增长

引领性指标

本季度与3个有资格的销售伙伴
签订合同

引领性指标

每周给潜在客户打200到250个
电话

引领性指标

每周给客户打6—8个追踪电话

至关重要目标和
滞后性指标

（网络服务公司）

今年收入从1千6百万
增长到2千万

至关重要目标和
滞后性指标

（大客户团队）

今年来自大客户的收
入从1千6百万增长到
1千8百万

引领性指标

每周当面拜访大客户5次

引领性指标

确保75%以上的电话能满足"咨
询电话标准"

引领性指标

至关重要目标和
滞后性指标

（IT团队）

通过维持平台的稳定
提高客户满意度

引领性指标

每日检查，100%完成维护日程

引领性指标

保持80%磁盘空间的基准线

引领性指标

保证白班夜班都没有人员空缺

DATE

工作指南

目的与用途

为了推高激励性记分牌上的分数，每一周都有一些目标和工作是必须完成的，工作指南就是帮你确定这些目标和工作的。这不是简单地确定这一周什么工作最重要，当你填写"工作指南"的时候，时刻问自己："为了推高记分牌上的分数，我本周一定要做的事是什么？"

"工作指南"分为正反两面，正面是记录你个人本周的目标和进程，反面是整个团队本周的承诺和决策。另外，每个"工作指南"都配有"至关重要目标会议流程图"。

使用方法
正面

1. 填写工作指南的正面，为至关重要目标会议做准备。请记住，你要聚焦的是如何推高记分牌上的分数。

2. 填入你团队的至关重要目标以及指标。

3. 选择1—3个本周要完成的目标。一定要是对记分牌最有帮助的事项，以"在某截止日期之前，从情况X发展到情况Y"的方式思考。

4. 将每个目标分解为几个关键步骤。

5. 合理地将这些步骤分配在本周工作时间中。

反面

工作指南的反面是开至关重要目标会议时使用的，记录本周必须要完成的任务，以及相应的责任人。同时，如果团队作出了决定或者重大变动，也请记录下来。

DATE

工作指南™

第＿＿＿＿周

至关重要目标及指标

通过将每笔交易的单元从1.7提到2.1来赶超上一年度的收入。

本周聚焦
为了提高分数，我必须达成的目标是：

目标
☐ 预约并通过"向上销售"测试
☐ 从网站上下载销售培训视频
☐ 将新技能应用到5位客户

目标
☐ 说服5位客户办理积分卡
☐ 提前填好积分卡申请表的部分内容
☐ 告诉顾客他们省了多少钱

目标
☐
☐
☐

备注

© 富兰克林柯维公司版权所有。SKV 74885

团队承诺
任务、责任人、决定及笔记

1. 观看如何让客户办理积分卡的教学视频——山姆和整个团队

2. 向每个客户至少展示4双鞋——整个团队

3. 更新记分牌——吉姆和赖斯

4. "顾客感谢卡"的制作和印刷——柯维

5. 周四参加积分卡培训——山姆、吉姆、里欧和特里

至关重要目标会议流程

1 相互担责周会
汇报计划完成情况

2 回顾记分牌
寻找成功和失败的经验

3 计划
清除障碍，作出高质量的承诺

© 富兰克林柯维公司版权所有。SKV 74885

至关重要目标会议分析器

目的与用途

至关重要目标会议分析器助你：

- 找到真正为至关重要目标负责的人

- 落实责任制

- 确定会议时间和时长

用分析器捋顺会议关系和责任关系，谁应该负责什么，谁应该或不应该参加会议。有时候，整个团队每周都要一起开会，而有时候，团队领导和组员一对一地谈话就够了

使用方法

1. 列出至关重要目标（以及引领性指标，如需要）。

2. 找出相关事项的真正负责人。

3. 列出与至关重要目标相关的团队成员。

4. 确定会议的时间和地点以及时长。

至关重要目标会议分析器

团队	至关重要目标	参会人员	时间	地点	时长
客户关怀部	今年将顾客满意度从7.0提升到9.0	总经理 客户关怀部经理 客房部经理 宴会及接待部经理 商务中心经理 财务经理	每周一早7点	总经理办公室	40分钟
产品开发部	第三季度开发及发布分类软件4.0	产品开发部全体成员 市场部VIP 财务部联络人	每周五中午	休息室	1小时
销售部	从注册经销商处获得的利润由15%提升到20%	销售部经理 销售代表：一对一	每周一早晨8:00到11:00（一对一面谈）	通过电话	30分钟
警队	今年减少10%的暴力犯罪	所有在岗警员	每天	大会议室	45分钟

品 牌 故 事

三十多年前，当史蒂芬·R.柯维（Stephen R. Covey）和希鲁姆·W.史密斯（Hyrum W. Smith）在各自领域开展研究以帮助个人和组织提升绩效时，他们都注意到一个核心问题——人的因素。专研领导力发展的柯维博士发现，志向远大的个人往往违背其渴望成功所依托的根本性原则，却期望改变环境、结果或合作伙伴，而非改变自我。专研生产力的希鲁姆先生发现，制订重要目标时，人们对实现目标所需的原则、专业知识、流程和工具所知甚少。

柯维博士和希鲁姆先生都意识到，解决问题的根源在于帮助人们改变行为模式。经过多年的测试、研究和经验积累，他们同时发现，持续性的行为变革不仅仅需要培训内容，还需要个人和组织采取全新的思维方式，掌握和实践更好的全新行为模式，直至习惯养成为止。柯维博士在其经典著作《高效能人士的七个习惯》中公布了其研究结果，该书现已成为世界上最具影响力的图书之一。在富兰克林规划系统（Franklin Planning System）的基础上，希鲁姆先生创建了一种基于结果的规划方法，该方法风靡全球，并从根本上改变了个人和组织增加生产力的方式。他们还分别创建了「柯维领导力中心」和「Franklin Quest公司」，旨在扩大其全球影响力。1997年，上述两个组织合并，由此诞生了如今的富兰克林柯维公司（FranklinCovey, NYSE: FC）。

如今，富兰克林柯维公司已成为全球值得信赖的领导力公司，帮助组织提升绩效的前沿领导者。富兰克林柯维与您合作，在影响组织持续成功的四个关键领域（领导力、个人效能、文化和业务成果）中实现大规模的行为改变。我们结合基于数十年研发的强大内容、专家顾问和讲师，以及支持和强化能够持续发生行为改变的创新技术来实现这一目标。我们独特的方法始于人类效能的永恒原则。通过与我们合作，您将为组织中每个地区、每个层级的员工提供他们所需的思维方式、技能和工具，辅导他们完成影响之旅——一次变革性的学习体验。我们提供达成突破性成果的公式——内容+人+技术——富兰克林柯维完美整合了这三个方面，帮助领导者和团队达到新的绩效水平并更好地协同工作，从而带来卓越的业务成果。

富兰克林柯维公司足迹遍布全球160多个国家，拥有超过2000名员工，超过10万个企业内部认证讲师，共同致力于同一个使命：帮助世界各地的员工和组织成就卓越。本着坚定不移的原则，基于业已验证的实践基础，我们为客户提供知识、工具、方法、培训和思维领导力。富兰克林柯维公司每年服务超过15000家客户，包括90%的财富100强公司、75%以上的财富500强公司，以及数千家中小型企业和诸多政府机构和教育机构。

富兰克林柯维公司的备受赞誉的知识体系和学习经验充分体现在一系列的培训咨询产品中，并且可以根据组织和个人的需求定制。富兰克林柯维公司拥有经验丰富的顾问和讲师团队，能够将我们的产品内容和服务定制化，以多元化的交付方式满足您的人才、文化及业务需求。

富兰克林柯维公司自1996年进入中国，目前在北京、上海、广州、深圳设有分公司。
www.franklincovey.com.cn

更多详细信息请联系我们：

北京　朝阳区光华路1号北京嘉里中心写字楼南楼24层2418&2430室
电话：（8610）8529 6928　　邮箱：marketingbj@franklincoveychina.cn

上海　黄浦区淮海中路381号上海中环广场28楼2825室
电话：（8621）6391 5888　　邮箱：marketingsh@franklincoveychina.cn

广州　天河区华夏路26号雅居乐中心,31楼F08室
电话：（8620）8558 1860　　邮箱：marketinggz@franklincoveychina.cn

深圳　福田区福华三路与金田路交汇处鼎和大厦21层C02室
电话：（86755）8337 3806　　邮箱：marketingsz@franklincoveychina.cn

柯维公众号

柯维视频号

柯维+

富兰克林柯维中国数字化解决方案：

　　「柯维+」（Coveyplus）是富兰克林柯维中国公司从2020年开始投资开发的数字化内容和学习管理平台，面向企业客户，以音频、视频和文字的形式传播富兰克林柯维独家版权的原创精品内容，覆盖富兰克林柯维公司全系列产品内容。

　　「柯维+」数字化内容的交付轻盈便捷，让客户能够用有限的预算将知识普及到最大的范围，是一种借助数字技术创造的高性价比交付方式。

　　如果您有兴趣评估「柯维+」的适用性，请添加微信coveyplus，联系柯维数字化学习团队的专员以获得体验账号。

富兰克林柯维公司在中国提供的解决方案包括：

I. 领导力发展：

高效能人士的七个习惯®(标准版) The 7 Habits of Highly Effective People®	THE 7 HABITS of Highly Effective People® SIGNATURE EDITION 4.0	提高个体的生产力及影响力，培养更加高效且有责任感的成年人。
高效能人士的七个习惯®(基础版) The 7 Habits of Highly Effective People® Foundations	THE 7 HABITS of Highly Effective People® FOUNDATIONS	提高整体员工效能及个人成长以走向更加成熟和高绩效表现。
高效能经理的七个习惯® The 7 Habits® for Manager	THE 7 HABITS FOR Managers ESSENTIAL SKILLS AND TOOLS FOR LEADING TEAMS	领导团队与他人一起实现可持续成果的基本技能和工具。
领导者实践七个习惯® The 7 Habits® Leader Implementation	THE 7 HABITS Leader Implementation COACHING YOUR TEAM TO HIGHER PERFORMANCE	基于七个习惯的理论工具辅导团队成员实现高绩效表现。
卓越领导4大天职™ The 4 Essential Roles of Leadership™	The 4 Essential Roles of LEADERSHIP™	卓越的领导者有意识地领导自己和团队与这些角色保持一致。
领导团队6关键™ The 6 Critical Practices for Leading a Team™	THE 6 CRIRICAL PRACTICES FOR LEADING A TEAM™	提供有效领导他人的关键角色所需的思维方式、技能和工具。
乘法领导者® Multipliers®	MULTIPLIERS® HOW THE BEST LEADERS IGNITE EVERYONE'S INTELLIGENCE	卓越的领导者需要激发每一个人的智慧以取得优秀的绩效结果。
无意识偏见™ Unconscious Bias™	UNCONSCIOUS BIAS™	帮助领导者和团队成员解决无意识偏见从而提高组织的绩效。
找到原因™：成功创新的关键 Find Out Why™: The Key to Successful Innovation	Find Out WHY™ THE KEY TO SUCCESSFUL INNOVATION	深入了解客户所期望的体验，利用这些知识来推动成功的创新。
变革管理™ Change Management™	CHANGE How to Turn Uncertainty into Opportunity™	学习可预测的变化模式并驾驭它以便有意识地确定如何前进。

培养商业敏感度™ Building Business Acumen™		提升员工专业化，看到组织运作方式和他们如何影响最终盈利。

II. 战略共识落地：

高效执行四原则® The 4 Disciplines of Execution®	The 4 Disciplines of Execution®	为组织和领导者提供创建高绩效文化及战略目标落地的系统。

III. 个人效能精进：

激发个人效能的五个选择® The 5 Choices to Extraordinary Productivity®	THE **5** CHOICES to extraordinary productivity	将原则与神经科学相结合，更好地管理决策力、专注力和精力。
项目管理精华™ Project Management Essentials for the Unofficial Project Manager™	PROJECT MANAGEMENT ESSENTIALS™ For the *Unofficial* Project Manager	项目管理协会与富兰克林柯维联合研发以成功完成每类项目。
高级商务演示® Presentation Advantage®	Presentation Advantage® TOOLS FOR HIGHLY EFFECTIVE COMMUNICATION	学习科学演讲技能以便在知识时代更好地影响和说服他人。
高级商务写作® Writing Advantage®	Writing Advantage® TOOLS FOR HIGHLY EFFECTIVE COMMUNICATION	专业技能提高生产力，促进解决问题，减少沟通失败，建立信誉。
高级商务会议® Meeting Advantage®	Meeting Advantage® TOOLS FOR HIGHLY EFFECTIVE COMMUNICATION	高效会议促使参与者投入、负责并有助于提高人际技能和产能。

IV. 信任：

信任的速度™（经理版） Leading at the Speed of Trust™	Leading at the SPEED OF TRUST™	引领团队充满活力和参与度，更有效地协作以取得可持续成果。
信任的速度®（基础版） Speed of Trust®: Foundations	SPEED OF TRUST. FOUNDATIONS	建立信任是一项可学习的技能以提升沟通，创造力和参与度。

V. 顾问式销售：

帮助客户成功® Helping Clients Succeed®	HELPING CLIENTS SUCCEED®	运用世界顶级的思维方式和技能来完成更多的有效销售。

VI. 客户忠诚度：

引领客户忠诚度™ Leading Customer Loyalty™	LEADING CUSTOMER LOYALTY™	学习如何自下而上地引领员工和客户成为组织的衷心推动者。